rororo

«Eine Frau soll an etwas Schuld haben? Das geht ja gar nicht. Das ist schließlich ein für alle Mal geklärt: Der Schuldige ist immer der Mann. Da kann sich jeder noch so vernünftig denkende Mensch das Hirn zermartern. Es wird ihm nicht auch nur ein gesellschaftliches Problem einfallen, das man allen Ernstes den Frauen unterjubeln kann.

Natürlich sind auch Frauen fehlbar, das macht sie noch sympathischer, als sie es eh schon sind. Aber wenn sie etwas Unrechtes tun, dann sicher nicht ohne Grund. Und der Grund ist klar: Männer.»

Die Männer von heute sind eine vom Aussterben bedrohte Art, die Problembären der Weltgeschichte: aufgeschreckt, verängstigt und zum Abschuss freigegeben! Da kann nur einer helfen: der Konkursverwalter der Männlichkeit, der selbsternannte Maskulin-Feminist und aufrechte Abstiegsbegleiter Ingo Appelt. Gnadenlos selbstironisch und schonungslos komisch weist er den Weg in eine gelassenere Zukunft.

Schlagen Sie zu!

Ingo Appelt wurde 1967 in Essen geboren. Nach seiner Maschinenschlosserlehre entschied er sich jedoch, seiner wahren Berufung zu folgen: der Comedy. Ob auf der Bühne oder im Fernsehen, er geht dahin, wo es weh tut, und nimmt keine Rücksicht, erst recht nicht auf sich selbst. Nicht zuletzt dadurch wurde er schnell zum Enfant terrible der deutschen Comedy-Szene, aus der er nicht mehr wegzudenken ist. Mit seinen Soloprogrammen begeistert der Stand-up-Pionier seit nunmehr über 15 Jahren sein Publikum in ganz Deutschland.

Mehr unter: www.ingo-appelt.de

INGO APPELT

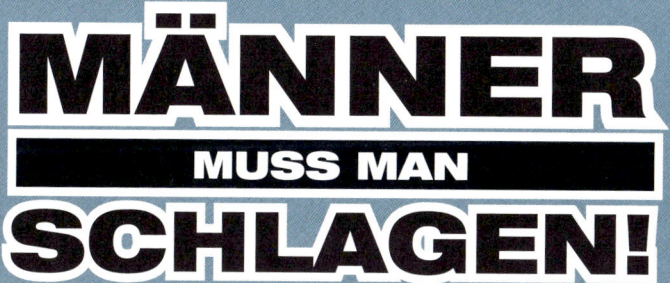

MÄNNER
MUSS MAN
SCHLAGEN!

Rowohlt Taschenbuch Verlag

2. Auflage Januar 2008

Originalausgabe
Veröffentlicht im Rowohlt Taschenbuch Verlag,
Reinbek bei Hamburg, November 2008
Copyright © 2008 by Rowohlt Verlag GmbH,
Reinbek bei Hamburg
Lektorat Regina Carstensen
Umschlaggestaltung ZERO Werbeagentur, München,
nach einem Entwurf von Sven Knoch, Berlin
(Foto: Fachwerk Werbeagentur/Andreas Hoffmannbeck)
Satz Lexicon PostScript, InDesign, bei
KCS GmbH, Buchholz bei Hamburg
Druck und Bindung CPI – Clausen & Bosse, Leck
Printed in Germany
ISBN 978 3 499 62380 6

Inhalt

Vorwort

*I*ch bin erschüttert. Dieses Buch hat meine Selbstwahrnehmung in ihren Grundfesten ... ja, es hat mein männliches Ich mit dem Bade ... es hat quasi dem maskulinen Ego die Krone ... mit dem Hammer auf den Kopf ... – oder was man sonst noch so an heroischen Formulierungen zur Verfügung hat.

Wer dieses Buch liest, weiß: Der Mann an sich ist am Ende, zumindest bei uns. Es gibt Kulturen, da ist das anders. Im Iran brauchen Frauen eine schriftliche Erlaubnis ihres Mannes, um ohne Begleitung ihren Heimatort verlassen zu dürfen. Das ist auch kein erstrebenswerter Zustand. Hierzulande aber fragen Männer ihre Frauen, ob sie sich ein Entfernen vom heimischen Herd physiologisch, mental und vor allem finanziell überhaupt noch leisten können ... Ingo Appelt stellt im Grunde die Frage: Sind wir Männer der Iran Europas – mit umgekehrten Vorzeichen? Und haben wir uns das nicht gründlich verdient?

Dieses Buch zielt mit seiner Forderung nach Prügelstrafe für Männer sehr geschickt auf den weiblichen Kundenkreis. Es ist bekannt: Menschen, die Bücher lesen, sind meistens feminin. Man sollte also gerade den weiblichen Lesezirkel nicht gleich vor den Kopf schlagen, will man als Autor Beachtung finden. Ein beliebtes Klischee sagt: «Männer lesen Bedienungsanleitungen und Börsenberichte, Frauen Bücher und in Eingeweiden, bevorzugt in denen ihrer Männer. Das ist vielleicht etwas verkürzt dargestellt, dennoch: Frauen werden die folgenden

Seiten gern lesen. Sie werden sich an der hier analytisch dargestellten Niederlage des maskulinen Gecken weiden.

Aber auch Männer werden ihren Spaß haben, finden sie in diesem Buch doch den Beleg dafür, dass sie nicht allein auf der Welt sind mit dem sicheren Gefühl, ihr Leben sei einzig und allein dem Ziel gewidmet, den Frauen ein willfähriges Opfer zu sein. Das sollten die Damen lächelnd hinnehmen. Der teilweise frauenkritische Charakter, der zwischen den Zeilen durchschimmert wie das Schwarze unter den Nägeln der Kerle, dient ausschließlich literarischen Zwecken – ich kenne doch den Ingo, den alten Charmeur!

Dazu muss gesagt werden: Ingo ist einer der liebenswertesten Kollegen, die ich kenne – und ich sage das, obwohl er das nicht gern hört, denn Charakterlob hat für ihn immer den Anschein des Schmierigen. Dabei meine ich es gar nicht glibberig. Ich will damit nur sagen: Ingos Herangehensweise an seine Mitmenschen ist geprägt durch den Versuch, mit Hilfe von harten und präzisen Schlägen Gegenliebe zu erzeugen. Das ist ein interessanter Ansatz, der in meinem Hobbypsychologenhirn vielfältige Assoziationsketten auslöst, von einem Freud'schen Narzissmus bis zu zwischenmenschlichen Techniken, die im Internet nur gegen harte Dollars zu beobachten sind, oft aber mit Gummimaske vorgenommen werden.

Ich kenne Ingo indessen zu lange, um ihn noch ernst zu nehmen – und das meine ich im besten Sinne! Was das Erstaunlichste ist: Er meint, was er sagt. Ingo ist männlich. Das ist ein biographisches Detail, das man wissen sollte, wenn man dieses Buch liest. Und er hat in seinem Leben die furchtbarsten Exemplare der anderen Seite der Macht, die man gemeinhin als die Damenwelt bezeichnet, kennengelcrnt. Er hat die erstaunlichsten Beziehungen hinter sich gebracht, nicht nur mit

Frauen, sondern auch mit Furien, deren geradezu klassische Sirenenartigkeit jeden Homer erblassen lässt. Allerdings möchte ich an dieser Stelle seine jetzige Lebenspartnerin explizit ausnehmen! Sie ist ein feinsinniger, musischer Mensch und hat auf dem Flügel einen bezaubernden Anschlag. Ingo zu schlagen käme ihr kaum in den Sinn! Schade eigentlich.

Natürlich ist Ingos Buch gnadenlos einseitig, geprägt von persönlichen Enttäuschungen, ein Machwerk voller Wut und Rache, ein Pamphlet des Niedergangs, ein Eingeständnis männlicher Schwäche und vor allem eine Verbeugung vor der immensen Kraft der Weiblichkeit. Mit anderen Worten: Es ist sehr lustig.

Zugleich aber ist dieser Band auch angewandte Psychologie. Sie setzt den Versprechungen unserer Psychiater die Sicherheit der Unheilbarkeit des Männlichen entgegen. Und auf die Frage «Was bleibt zu tun?» gibt Ingo die einzig richtige Antwort: männlich sein – also stillhalten und abwarten.

Vielleicht habe ich das ganze Machwerk aber auch einfach falsch verstanden. Denn jetzt, wo ich dieses Buch noch einmal zwischen Tür und Angel durchlese, fällt mir auf: Eigentlich ist es ein einziges Fest, eine Apotheose des Männlichen, des starken Verlierers, der sich opfert, um erst durch seine Selbstaufgabe die Entfaltung des weiblich Schönen, Wahren, Guten zu ermöglichen. Märtyrergleich. Oder? Nein, doch nicht.

Wenn dieses Buch recht hat, dann ist der Mann der Loser der Geschichte. Was bleibt uns übrig? In den Mutterbauch können wir nicht zurück. Meine Mutter ist jedenfalls von der Idee wenig begeistert.

Sollten Sie als Mann nach der Lektüre dieses Buchs der Meinung sein, ihr Leben sei nichts mehr wert, sie seien Abschaum, Lehm in den Händen der göttlichen Schöpferinnen, dann haben Sie es richtig verstanden. Sie haben den Unwert der eigenen Existenz verinnerlicht und begriffen, dass Ihr Dasein Sternenstaub ist. Ein Hauch zwischen Urknall und implodierendem Kosmos. Es schadet also nicht, die Zeit weiter mit Grillen und Fußball zu vergeuden.

Was also bringt dieses Buch – außer immensem Spaß? Nichts. Aber es hat recht. Und das ist für Männer wie Frauen völlig ausreichend. Frauen sehen sich in ihrem Mitleid für die niederen, samenstreuenden Lebensformen bestätigt. Und Männer erkennen, dass sie mit ihrem Leid nicht allein dastehen. Und sie können sich sagen: «Wat der Ingo da sacht, da, in dem Buch da, wat da drinne steht, dat stimmp!»

Das ist natürlich lächerlich. Aber leider ist es wahr. Gegenargumente sind schwer zu beschaffen, oft nur auf dem schwarzen Markt und gegen hohe Geldbeträge. Sollte jemand einen Beweis für die Falschheit der Appelt'schen Argumentation besitzen, bitte ich ihn, mir diesen zukommen zu lassen. Ich zahle jeden Betrag! Ich erhoffe mir davon nicht weniger als die Wiederherstellung meines männlichen Ehrgefühls, das durch dieses Buch vernichtet wurde. Danke!

Dieter Nuhr

Schade, dass ich Ingo Appelt nicht eine gescheuert habe.

VERONICA FERRES*

*Stern 16/2004, Seite 216

Für Friederike

MÄNNER

MUSS MAN

SCHLAGEN!

*M*änner muss man schlagen!

Das klingt natürlich erst einmal brutal, aber seien wir ehrlich: Wenn man darüber in Ruhe nachdenkt, kommt man zwangsläufig zu dem Schluss: stimmt! Männer sind einfach eine zivilisatorische Katastrophe. Männer sind gefährlich. Sie machen einfach aus Jux und Dollerei alles kaputt. Mit ihrer kindlichen Freude an jeglicher Form von Zerstörung stellen sie die größtmögliche Bedrohung der Welt dar.

Wer steht denn fröhlich grölend auf dem Gepäckträger eines Fahrrads und knüppelt mit einem Baseballschläger Omis Geranientöpfe von der Fensterbank? Männer!

Wer wirft denn gar lustig kichernd Steine von der Autobahnbrücke? Männer!

Nazis, Schläfer, Hooligans und Amokläufer – alles Männer!

In hohem Maße ist Fremdschämen angesagt. Blöde Dreckskerle!

Und da kann man im Guten hinreden, wie man will – die hören doch nicht zu. Also, jeden Morgen alle Männlein in eine Reihe, schon prophylaktisch, und patsch, patsch, patsch, allen schön eine aufs Maul geben. Und wenn sie fragen: «Warum?», gleich noch eine rein. «Frag nicht so dumm!»

Die Integration von Männern gleicht einem gewaltigen

Resozialisierungsprogramm, und da darf man eben nicht zimperlich sein, oder? Außerdem trifft es ja immer den Richtigen: einen Mann. Und die haben es doch verdient. Zudem sind diesbezüglich keine ernst zu nehmenden Konsequenzen zu befürchten.

Männer sind gut zu schlagen. Die haben nämlich keine Lobby, die einen wie auch immer gearteten Opferstatus einklagt. Frauen darf man nicht schlagen, das gibt sofort Ärger. Kinder, Tiere, Behinderte, Ausländer – alle prügeltechnisch tabu. Aber Männer? Immer feste drauf. Kann ja nicht schaden.

Außerdem wollen sie es ja nicht anders. Selbst Stefan Raab ruft regelmäßig dazu auf, ihn doch bitte zu schlagen. Und als ihm mal die Regina Halmich die Fresse poliert hat, ging eine Woge des Wohlgefühls durchs Land: Na, also, geht doch …

Ja, Männer gehören geschlagen, und das in jeder Hinsicht. In der Schule, im Beruf, in der Öffentlichkeit. Und es funktioniert sensationell. Die Männer sind mittlerweile so aufgeschreckt und verängstigt. Man sieht überall nur noch Frauen. Sie überholen den Mann in allen Disziplinen. Frauen sind einfach immer besser. Die schönen Zeiten, in denen Männer als die privilegierten Übermenschen dastanden – vorbei. Sie haben das natürlich stets geahnt. Die Vertreter aller Religionen haben zu Recht immer gewarnt: Wenn wir den Frauen das Lesen beibringen, ist es aus! Und so ist es gekommen. Die vermeintliche Unterlegenheit der Frau ist als dumme Lüge enttarnt worden. Die aufgestaute weibliche Wut von Jahrtausenden hagelt nun ungezügelt auf die Männerwelt ein. Rache ist so süß …

Der Verlust von Überlegenheitsgefühlen ist eine schmerzliche Erfahrung. Das kennen wir von der Wiedervereinigung. Als die Mauer noch stand, ach, was war das für eine unbeschwerte Zeit. Nur für uns Wessis natürlich. Wir Westdeutschen galten gemeinhin als das bessere Deutschland. Wir hatten da immer so einen kleinen hässlich-grauen Bruder im Osten. Welch ein Spaß, da in Berlin an der Mauer zu stehen und den Ossis eine lange Nase zu drehen. Ätschibätschi!

Das war so herrlich, durch das KaDeWe, das Kaufhaus des Westens, zu schlendern und sich in Anbetracht der leeren Regale im Osten in die protzige Überfülle dieses Angeberladens zu stürzen. Jaaa, wir können alles kaufen, ihr Luschen!

Warum sind wir denn wohl Reiseweltmeister? Weil wir es unseren Nachbarn im Arbeiter- und Bauernstaat mal so richtig zeigen wollten. Ein Karibikurlaub ist um vieles schöner, wenn man weiß, dass die Zonis zu Hause bleiben müssen. Wir Wessis, das einzige Land in Europa ohne Geschwindigkeitsbegrenzung auf den Autobahnen. Welch ein Genuss, mit übermotorisierten Luxusschlitten gegen den Trabi anzutreten. Und wir konnten zu Weihnachten jeden nur erdenklichen Mist rüberschicken. Die Angehörigen der sozialistischen Schluderwirtschaft haben sich immer gefreut. Immer. Heute haben wir den gelben Sack.

So kann es gehen.

Heute können wir wunderbar renovierte Metropolen wie Dresden oder Leipzig besuchen und uns beim Anblick der prächtigen Bauten fragen: «Wo haben die eigentlich das Geld her?» Ich erinnere mich noch gut daran, als ich, kurz nach dem Fall der Mauer, in meinem Supermarkt vor dem Regal stand und die letzte Dose Ananas ergreifen wollte. Just in diesem Augenblick sprang ein östlicher Neubürger dazwischen. Dreist ergriff er, mich wegdrängend, die begehrte Südfruchtbüchse. Ereifernd zischte er mich an: «Ihr hobt fürzisch Johre lang Ananas gefressen. Jetzt sind wir dran!» Und genau dieses trotzige «Jetzt sind wir dran!» rufen uns Männern die nach Jahrtausenden befreiten Frauen zu.

JETZT SIND WIR DRAN!

Und uns bleibt da gar nichts anderes übrig, als widerwillig, aber beschämt zur Seite zu treten. «Na gut, ist ja schon okay.»

Für heldenhafte Auftritte ist seitens des Mannes kaum noch Platz. Und Männer wollen doch so gern großartig sein, werden aber weiblicherseits stets in ihre Grenzen gewiesen. Neben einer Frau hast du als Mann einfach keine Chance. Die wahrhaft Großartigen, Frauen eben, haben die Latte für uns so hoch gehängt, wir können immer nur scheitern.

Neben einer Frau wirkt der Mann immer wie ein emotionaler, verbaler und sozialer Minderleister. Dies müssen wir tagtäglich erfahren. Der Mann kommt nach Hause. Der Held schwingt sich federnd über die Türschwelle. Der Unfassbare betritt die Arena der heimatlichen Wohnstätte.

Stolz lässt er seinen ritterlichen Blick über die Runde schweifen, er wirft sich in die Brust und tönt in den erwartungsschwangeren Raum hinein: «O meine Holde, mein lieblicher Augenstern, sieh her: Er ist wieder da, dein Held, dein Retter, dein Mann!»

Die Holde schnaubt nur kurz und sagt verächtlich: «Quatsch nicht soon Scheiß, räum lieber die Küche auf. Guck dir mal die Sauerei an, die du da gestern wieder veranstaltet hast. Da hat der feine Herr ausnahmsweise mal gekocht, hinterlässt dann aber so einen Schweinestall. Wahrscheinlich denkt er, die Alte kann den Dreck ja wieder wegmachen. Und was hast du eigentlich für eine Fahne? Ich hab dir doch verboten, besoffen Auto zu fahren. Außerdem hast du bestimmt wieder im Wagen geraucht. Du weißt genau, dass ich es hasse, die Kinder in so einer verstunkenen Karre herumzukutschieren ...»

Der Unfassbare erstarrt, der Glanz in seinen Augen wird stumpf, seine strahlende Aura verblasst. Die Kinder schmiegen sich hämisch grinsend ans mütterliche Bein. Nur der Hund wedelt freundlich mit dem Schwanz. Ist aber letztlich auch verunsichert und verharrt unentschlossen zwischen den Kontrahenten. Der Heldenhafte hat begriffen: Er ist geschlagen.

Mal wieder.

Der Mann ist in der Krise. Er fragt sich: Was ist eigentlich aus dem großen Abenteurer geworden? Früher konnte ein Mann noch ganz elegant eine Frau an den Haaren in die Höhle ziehen; heutzutage sind die Damen untenrum rasiert.

Das ist, wie ich finde, eine sehr schöne Metapher. Und beschreibt die Situation des Mannes sehr treffend. Ihm, dem Manne, scheint alles zu entgleiten. Er vermeint, nichts mehr richtig greifen zu können. Und er spürt, dass er nicht mehr gebraucht wird. Frauen können alles selbst. Und natürlich besser! Hat nicht dereinst der Mann die Aufgabe des häuslichen Handwerkers innegehabt? War nicht er der fleischgewordene Reparateur, der Notdienst in Person, der ultimative Renovator?

Auch das – vorbei!

Wenn heute ein Mann, arbeitswütig und mit einem Werkzeugkasten bewaffnet, es wagt, sich als heroischer Alleskönner anzubieten, stellen sich ihm drei latzhosige Akkuschrauberträgerinnen entgegen: «Wir brauchen dich nicht. Tine Wittler ist da! Aber du kannst uns Pizza holen.»

Es gab einmal eine Zeit, da hatte der Mann die Rolle des gestrengen Erziehers («Warte nur, bis der Papa nach Hause kommt …»). Aber ach, wer ist es nun, der die Kinder bedroht und auf die stille Treppe verbannt?

Ja, hurra, die *Super Nanny* ist da.

In finsterer, von männlicher Selbstherrlichkeit geprägter Vergangenheit waren es noch die Herren der Schöpfung, die in gepflegten, allsonntäglichen Stammtischrunden behaglich beieinandersaßen und bahnbrechende Weisheiten wie «Frauen zurück an den Herd!» oder «Unter Hitler war nicht alles schlecht!» leicht lallend von sich gaben. Aber auch diese Bastion urmännlicher Grundphilosophie ist an die Frauen verlorengegangen.

Dank Eva Hermann! Was für ein paradoxes Frauenwesen!

Plötzlich hieß es wieder: Da, seht her! Die Deutschen sind doch alles Nazis. Und schuld daran: eine Frau!

Das ist natürlich nur eine bösartige Verleumdung. Eine Frau soll an etwas Schuld haben? Das geht ja gar nicht. Das ist schließlich ein für alle Mal geklärt: Der Schuldige ist immer der Mann. Da kann sich jeder noch so vernünftig denkende Mensch das Hirn zermartern. Es wird ihm nicht auch nur ein gesellschaftliches Problem einfallen, das man allen Ernstes den Frauen unterjubeln kann.

Natürlich sind auch Frauen fehlbar, das macht sie noch sympathischer, als sie es eh schon sind. Aber wenn sie etwas Unrechtes tun, dann sicher nicht ohne Grund. Und der Grund ist klar: Männer.

Die Scheidungsrate in Deutschland steigt stetig. Zwar werden etwa 60 Prozent aller Scheidungen von Frauen eingereicht, aber schuld ist doch mit Sicherheit der blöde Kerl, mit dem sie ihre wertvolle Zeit verschwendet hat. Ist doch so! 30 Prozent der Scheidungen gehen auf die Kappe der Herren. Was müssen das für egoistische Idioten sein. Eine Frau verlassen – pfui!

Und überhaupt: Was ist das eigentlich für eine himmelschreiende Sauerei, ausgerechnet Frauen hinter Gittern zu bringen? Besuchen wir nur mal zum Spaß ein Gefängnis. Wir betreten den Trakt für männliche Gefängnisinsassen. Wie ekelhaft! Lichtscheues Gesindel, rudelweise gewalttätige Drecksäcke, denen es doch in diesem staatlich subventionierten

Etablissement viel zu gut geht. Da sitzt diese hochkriminelle Brut aus Frauenmördern, Dieben, Drogendealern und Kinderschändern in Therapiegruppen und plaudert gelangweilt über ihr vermurkstes Leben. Bastelt in Origami-Workshops lustige kleine Papierhandfeuerwaffen und hockt abends in dem Zimmerchen vor einem eigenen Fernseher und glotzt das *Dschungelcamp* auf RTL. Ja, da haben es die Bösewichte im Knast doch erheblich besser. Kein Wunder, dass man im Milieu Strafvollzugsanstalten als «Hotel» bezeichnet.

Verlassen wir nun aber diesen düsteren Ort des Grauens, schlucken allen Ärger, allen Ekel kurzerhand herunter und machen uns nach einer kleinen Verschnaufpause auf den Weg in den Trakt für weibliche Gefängnisinsassinnen. Ein Bild des Jammers tut sich auf. Wie kann man all diese armen, gestrauchelten, aber dennoch sicher tief im Inneren gutherzigen Damen in derart unmenschliche Zellen einpferchen? Diese lächelnde Schönheit dort in ihrer Einzelzelle hat ihren Mann erschossen, gut. Aber bestimmt nicht ohne Grund … Der Sauhund hat es bestimmt mehr als verdient. Sonst hätte sie es ja wohl nicht getan, oder?

Unser gleichmacherisches Rechtssystem führt doch nur dazu, dass Frauen viel zu hart und Männer viel zu sanft bestraft werden. Kindheitsbedingt mildernde Umstände für einen Mann! Was soll denn der Quatsch?

Männer gehören bestraft! Wie Herr Plasberg es sagen würde: *hart aber fair*. Einfach mal eine knallen! Ich hab gehört, leichte Schläge auf den Hinterkopf erhöhen das Denkvermögen …

Grundsätzlich sollte man Gewalt selbstverständlich ablehnen. Das ist richtig. Gewalt ist immer die schlechteste Lösung. Aber einen Anspruch auf das Beste haben Männer ja nun leider nicht gerade so wirklich …

Und so fordere ich natürlich einen umfassenden Freispruch für Eva Hermann! Es mag durchaus so sein, dass ein gewisser deutscher Führer namens Herr H. (Name der Red. bekannt) eine erotisierende Wirkung auf Frau H. hat. Aber rassistisch ist sie gewiss nicht. Und auch dies sei an hiesiger Stelle unmissverständlich klargestellt: Frauen neigen im Allgemeinen nicht zu Rassismus. Außer bei Männern natürlich. So konnte man in frauenbewegten Zeitungen durchaus schon mal Witze wie diesen lesen: «Was ist ein gelöstes Problem? Ein Mann in Salzsäure!»

Mein Opa kannte den noch von früher, nannte ihn einen Judenwitz. Ehrlich! Aber Männer lachen über solche Scherze herzlich. Am besten fand ich immer diesen Kalauer: «Wozu braucht eine Frau einen Mann? Weil Vibratoren nicht Rasenmähen können!» Der ist doch nun wirklich super.

Ja, Männer müssen sich zwangsläufig damit abfinden, auf nicht absehbare Zeit als Witzfiguren zu fungieren. Also, Jungs, setzt euch die Pappnasen auf und macht euch mal schön selbst zum Affen – und lasst die anderen in Ruhe.

Selbstverarschung ist der erste Weg zur Besserung.

Ansonsten gibt's halt wieder was auf die Fresse.

Watt mutt, datt mutt.

*M*an ist, was man isst!

Und der Mann isst Scheiße. Jeden nur erdenklichen Mist stopft er gedankenlos in sich hinein. Würste in allen Formen und Größen. Dicke Würste, lange Würste, harte Würste, weiche Würste, rote Würste, gelbe Würste. Warum? Vielleicht aus Frust? Etwa, weil er seinem eigenen wurstähnlichen Wurmfortsatz, den er da so stolz zwischen den Beinen trägt, oraltechnisch keinen Hausbesuch abstatten kann? Ich hab's auch des Öfteren versucht – geht nicht. Wäre ja auch noch schöner.

Aber egal. Oder besser: Ist doch wurscht! Wer hat den Hanswürsten eigentlich erzählt, dass es besonders cool sei, gefüllte Schweinedärme zu verschlingen? Warum kommen die nicht von selbst darauf, dass Dinge, die sich im Darm befinden, nicht in den Hals gehören, sondern ganz woandershin? Oder ist auch die elende Wurstfresserei wieder nur ein Zeichen ihrer selbstzerstörerischen Ader?

Wie der Hund, so wollen auch sie sich in den eigenen Schwanz beißen. Rührt daher das Glänzen in den Augen, wenn sie begeistert beobachten, wie in ihrer Pommesbude eine pimmelähnliche Bratwurst in kleine Stücke zerhächselt wird? Die Currywurst, eine kulinarische Selbstkastration? Wer weiß!

Helmut Kohl hat immer diesen ekelhaften Pfälzer Saumagen vertilgt. So sah er auch aus. Was heißt «sah»? Er sieht immer noch so aus. Der ist ja nicht wegzukriegen, der unkaputtbare Ex-Bundesklops. Kürzlich ist er sogar die Treppe runtergeplumpst. Wie so ein Hüpfball ist er die Stufen heruntergehoppelt, und als er unten ankam, richtete er sich, hoppeldihopp, schlagartig wieder auf und verkündete: «Ich heirate wieder!»

Den werden wir nie los, der bleibt. Er ist quasi eine Art Gammelfleischskandal in eigener Person. Und da haben wir auch schon wieder diese schlimme Wort: Gammelfleisch! Ein deutsches Unwort. Das gibt es auch nur hier bei uns. Unsere Freunde, die Chinesen, lachen uns aus: «Was soll das sein? Gammelfleisch? Das ist doch lecker!» Früher sagte man dazu «gut abgehangen».

Und gerade an Angela Merkel sieht man doch, was man aus abgelaufenem Putenfleisch noch so alles Schönes basteln kann. Aber Spaß beiseite.

Natürlich steckt hinter diesen Fleischskandalen, die unser Land in regelmäßigen Abständen beuteln, nur eine weibliche Strategie, um dem Mann die Fleischeslust gründlich zu verderben. Ist doch klar. Die edle Frau, die immer so sorgsam darauf achtet, dass sie sich ja gesund ernährt, sorgt sich um unser Wohlbefinden. Die Gute. Sie, die ernährungsbewusste Familienverkösterin aus alten Tagen, überlebt den dummen Aasfresser nicht umsonst um einige Jahre. Also schubst sie ihn zum Biogemüsestand und keift ihn an: «Iss Gemüse!»

Und das ist auch wieder so eine Nummer: der Bio-Wahn. Da den Frauen, wie an anderer Stelle erklärt, nie etwas genug sein kann, ist auch das Futter, das sie zu sich nehmen, nie gesund genug. Da wollen sie, wie immer, auf der ultimativ richtigen

Seite stehen. Gesund muss es sein, absolut gesund. Gesund. Gesund. Gesund. Auf ihrem Grabstein wird dereinst stehen: «Sie ist zwar tot, aber gesund!»

Beim Futter also will sie ganz sichergehen, nicht hundertprozentig, nicht hundertfuffzigprozentig, nein, tausendprozentig muss es sein. Also Bio. Die Diktatur des Bio-Produkts! Am biologischen Wesen soll die Welt genesen!

Aber der Mann, dieser ernährungstechnische Neandertaler, der bockt. Verbeißt sich störrisch in seine blutige Lammkeule und mault zurück: «Gemüse schmeckt nicht!»

Und da erfinden die Frauen, die frommen Seelen, in ihrer Verzweiflung Fleischskandale! «Iss das nicht, das ist Gammelfleisch!» Oder sie palavern von der Schweinepest oder dem Rinderwahn. Das Beste ist, wenn sie die Vogelgrippe ins Gespräch bringen.

Du liebe Güte! Vogelgrippe? Wer hat denn Vogelgrippe? Keine Sau! Aber Hauptsache, der Mann gerät in gehörige Panik. Vogelgrippe.

Ich habe schon immer gesagt, dass man sich mit Vögeln etwas einfangen kann. Wer mich kennt, wird das bestätigen können. Schon Anfang der neunziger Jahre habe ich in einer deutschlandweiten Aufklärungsaktion des Bundesgesundheitsministeriums darauf hingewiesen: «Ob mit Hühnern, Gänsen oder Enten, immer schön Kondom verwenden!» Aber auf mich hört ja keiner!

Aber bei aller Giftfleischhysterie sei an dieser Stelle angemerkt: Dem Kohl ist das scheißegal. Der zitiert sich einfach selbst: «Entscheidend ist, was hinten rauskommt!» Dann stinkt es sowieso! Recht hat er, der dicke Überlebensfanatiker. Und selbst wenn uns dereinst die angekündigte Klimakatastrophe am Schlafittchen packt – auch das ficht ihn nicht an.

Ich sehe es schon vor mir: Die arktischen Polkappen sind abgeschmolzen, der Meeresspiegel steigt unaufhaltsam. Die Küstenregionen verschwinden unter den Wassermassen. Zunächst wird es die Niederlande treffen, ein Land, das wir immer gern besucht, seine Windmühlen bewundert, seine Grachten befahren, seinen Käse genossen, seine Tulpen geschnuppert und seine Joints geraucht haben. Dieses schöne Holland – an die unerbittliche See verloren. Überrollt von einer feuchten Armee aus Wellen und Gischt. Früher sind wir, die deutschen Männer, einmarschiert. Das waren noch Zeiten. Aber das haben uns die Frauen ja auch ausgeredet.

Das sähe nicht schön aus, haben sie gesagt. Das macht man nicht. Nein, solche männlichen Hobbys sind hierzulande in Vergessenheit geraten. Unsere holländischen Nachbarn überfallen, das würden wir heute auch gar nicht mehr hinkriegen. Wer weiß denn schon noch, wie breit das niederländische Königreich ist? Zwei Panzerstunden vielleicht? Oder drei? Egal, das alles ist finstere Vergangenheit. Heute ist unser einziger Waffenhelfer die Klimaerwärmung. Aber, aber, die Damen. Nicht gleich wieder in Trauer verfallen ob des holländischen Niedergangs. Oder sollte man des Untergangs sagen? Hihi …

Seid getröstet mit einer wundervollen Voraussage: Spätestens wenn die gefluteten Holländer merken, dass man Seegras rauchen kann, ist alles wieder lecker toll!

Ich sag nur: Wasserpfeifen …

Ja, noch haben wir gut lachen. Aber es wird uns auch noch erwischen. Und wenn dereinst die Fluten über Deutschland hinwegschwappen und die Nordlichter nicht länger Nordlichter sind, sondern Flutlichter, und wenn die Adler nicht mehr kreisen, sondern verreisen, wird auch der Horst Lichter tief im Westen, wo die Sonne einst verstaubte, den Pottwal jagen. Und der totgeglaubte Gerhard Schröder wird in Gummistiefeln, triefendnass und einsam rufen: «Ich mach da was!»

In der Ferne treibt schwimmend eine Insel! Etwa Hohl?

Nein! Das Eiland ist Betrug! Es ist nur Helmut Kohl!

Ja, auch das wird er überleben, das Oggersheimer Walross.

Fett schwimmt oben. Und er ist geübt im Umgang mit Flutkatastrophen. Es gab doch mal diesen berühmten Tsunami, der im Indischen Ozean und besonders in Thailand arge Zerstörungen anrichtete. Eine Naturkatastrophe, die die gesamte Welt in Atem hielt. Und wer war dabei? Genau, uns aller Helmut!

Wir erfuhren davon aus dem beliebtesten Boulevardblättchen Deutschlands. Denn just zwei Tage nach dem verheerenden Wüten des asiatischen Tsunamis tauchte Helmut Kohl auf der Titelseite der *Bild*-Zeitung auf. Als ich es von weitem sah, dachte ich zunächst erschrocken: Huch! Hat er etwa ein Geständnis abgelegt? Im Sinne von:

«Tsunami: Kohl gesteht – ich war's!» Mit dem Untertitel: «Da hab ich 'ne tierische Arschbombe hingelegt – da war'n die Inseln weg!» Es wäre ihm zuzutrauen.

Und so wäre es nicht weiter verwunderlich, wenn er im künftigen Wasserparadies Deutschland quietschfidel seine Bahnen zieht. Und die moppelige Seekuh hinterher. Natürlich Angela! Ich weiß, das sorgt wieder für Unmut: «Sagt der einfach, Merkel wäre eine Seekuh. Unverschämt!» Ich meine das aber nicht böse, nein.

Für mich sind alle Frauen im Grunde nichts anderes als verhinderte Nixen, elegante magische Wasserelfen, liebenswerte Planschkühe eben.

Ich habe von russischen Wissenschaftlern erfahren, dass wir, die heute existierenden humanoiden Landbewohner, in den Anfängen unserer Menschwerdung eine Marinephase durchlebt haben. Ja, wirklich! Wir Menschen saßen einen nicht unbeträchtlichen Zeitraum der Erdgeschichte im Wasser. Oder besser: Die Frauen saßen im feuchten Element.

Das kam so: Wie sich die Älteren unter uns vielleicht noch erinnern können, liegen unsere stammesgeschichtlichen Wurzeln im afrikanischen Kontinent. Dort saßen wir, die putzigen Vorfahren des *Homo sapiens*, den Schimpansen, unseren nächsten Verwandten, nicht unähnlich, in den hohen Wipfeln des Regenwalds und fraßen friedlich unsere Bananen. Wir ahnten damals noch nicht, dass die Zukunft für uns so etwas wie Flachbildschirme bereithalten würde, und so lebten wir unbeschwert in den Tag hinein. Mit unseren Vettern, dem als «prollig» verschrienen und offenkundig sexbesessenen Schimpansenpack, hatten wir nicht viel am Hut. Man grüßte sich freundlich, das war's dann aber auch.

Nun begab es sich aber, dass eine große Erschütterung unseres grünen Paradieses bevorstand und die Tage des äffischen Frohsinns gezählt waren. Durch die der Plattentektonik zu verdankende Kontinentaldrift türmten sich mitten in Afrika riesige Gebirge auf. Schön anzusehen, aber mit fatalen Folgen: Klimawandel! Und wir saßen auf der falschen Seite des Gebirges fest. Jenseits des Felsmassivs, also auf der dem Meer zugewandten Seite, blieb das Klima aufgrund der stabilisierenden Wirkung des Ozeans in seinem gewohnten Rahmen. Wir aber hatten die Arschkarte. Alles änderte sich: das Wetter, die Vegetation, die gute Laune.

Unsere bucklige Verwandtschaft verblieb weiterhin im Paradies – und verweigerte mangels Selektionsdrucks jede anstrengende Weiterentwicklung. Das faule Dreckspack!

Wir sahen sie nie wieder. Erst Millionen Jahre später traf

man sich auf ein Bierchen im Kölner Zoo. Wir hatten uns auseinandergelebt. Unsere ehemaligen Nachbarn hatten es wirklich nicht weit gebracht. Jetzt hockten sie da, immer noch Bananen mümmelnd, und jammerten, dass alles ganz furchtbar und man sogar vom Aussterben bedroht sei. Wie ungerecht! Wir haben nichts darauf entgegnet, nur stumm genickt und uns gedacht: Von wegen ungerecht! Wir haben für unseren Status hart geschuftet. Während ihr im Wald Verstecken gespielt und wilde Sexorgien gefeiert habt, erfanden wir den Toaster und das Internet. Wir waren fleißig. Alles, was wir sind, sind wir aus eigener Kraft. Blödes Schimpansengesindel!

Aber großherzig, wie wir sind, versprachen wir, uns zu bemühen, ihnen eine neue Bleibe zu verschaffen. Ein demnächst aufgrund des Aussterbens der Einwohner frei werdendes Indianerreservat käme vielleicht als Rückzugsobjekt in Frage. Sie kämen auf die Warteliste …

Damals, als sich unsere Wege trennten, sah es allerdings nicht danach aus, als wenn das Schicksal es besonders gut mit uns meinte. Das Nahrungsangebot verknappte sich dramatisch, wir mussten größere Wege zurücklegen, die heimatlichen Wälder verdorrten, und wir waren gezwungen, mit spärlicher bewachsenen Baumkronen vorliebzunehmen. Die Damenwelt hatte ein ernst zu nehmendes Problem: Es wurde zusehends schwieriger, den Nachwuchs in den Bäumen zur Welt zu bringen. Eine Nabelschnur ist kein Bungeeseil, und so sah man sich gezwungen, sich bodennah aufzuhalten.

Aber ach, die böse Umwelt hielt allerlei Gefahren für uns bereit. Hinter jedem Busch lauerte der Tod. Bären, Löwen, Säbelzahntiger, Wölfe und allerlei kriechendes Gewürm.

Noch weit entfernt von dem sich die Welt zum Untertan machenden Zweibeiner waren wir den Raubtieren als leichte

Beute empfohlen. Wir waren nicht die gottberufenen Könige der Wildnis, wir waren lecker!

Die Frauen, schwanger, säugend und noch vier andere Schratzen an der Backe, fühlten sich bedrängt, hilflos und gnadenlos überfordert. Sie schauten sich ihren bis dahin ausschließlich als begierigen Begatter beschäftigten Mann an und wurden ungehalten: «Sag mal, du fauler Mistkerl, wie lange willst du eigentlich noch tatenlos mitansehen, wie ich mir hier den Arsch aufreiße? Ständig muss ich aufpassen, Früchte sammeln, die Kleinen füttern. Und bei Gefahr muss ich die ganze Brut auf die Bäume schleppen, danach wieder runter. Hören tun die kleinen Randalierer auch nicht, und ständig muss ich mir Sorgen machen, dass einer von denen dem Tiger direkt vor die Schnauze hopst.

Du könntest auch mal was machen. Wenn du wenigstens aufpassen könntest, du nutzloser Rammler.»

Das hat gesessen! Der in seinem Stolz gekränkte Mann nahm die Herausforderung an, und er, der verkannte Vermehrungskünstler und Spermaverschleuderer, verdingte sich fortan als Kinder- und Frauenschutzbeauftragter. Er gründete den privaten Sicherheitsdienst «Homo Security». Und der Mann betrat von Stund an als großartiger Beschützer die Welt. Aber mit Sicherheitsdienstlern hat es seine eigene Bewandtnis: Sie nehmen ihren Job derart ernst, dass man als bewachtes Objekt, je nach Bedrohungslage, jeden Schritt anmelden muss. Man kann sich nicht mehr frei bewegen, fühlt sich bevormundet und eingesperrt. Solange die Gefahr nachvollziehbar ist, ist man natürlich durchaus gewillt, sich den herrschenden Ton gefallen zu lassen, aber ansonsten findet man das wichtigtuerische Gehabe des wachhabenden Brüllaffen nur lästig und lächerlich.

Ja, was damals für uns Männer so hoffnungsvoll begann,

ist heute endgültig vorbei. Frauen können sich jetzt selbst beschützen. Sie besitzen Pfefferspray, der Garten ist elektrisch umzäunt, selbst der Gebrauch von Schusswaffen ist kinderleicht.

Und der Mann? Er ist ein arbeitsloses Security-Teammitglied. Ist er deshalb so gefährlich? Denn wann immer eine schlagkräftige Truppe mangels Feind vom Dienst suspendiert wird, was tut sie da, die nutzlose Raufbande? Sie erfindet eine Bedrohung. Die von der Schutzhaft Befreiten werden dadurch unsicher, begeben sich wieder schmollend in ihre beengende Sicherheitsverwahrung. Das hat Jahrtausende super funktioniert. Die Kriege der letzten zweitausend Jahre, da bin ich mir sicher, dienten einzig und allein dem Zweck, die blöde Situation, in der sich der größenwahnsinnige Sheriff in Wahrheit schon lange befindet, zu verschleiern. Es ist die Situation, überflüssig zu sein. Er verbreitet Panik, um sich gleichzeitig als Retter anzubieten. Brandstifter und Feuerwehrmann in einer Person.

Erschrecken, das ist seine große Leidenschaft. Oder warum werden seit Jahrzehnten junge Frauen von ihren Typen dazu gezwungen, sich diese grässlichen Horrorfilme anzugucken? Klar, jeder dieser pubertären Möchtegernhelden liebt es, wenn die Auserwählte sich im Dunkeln kreischend an ihn klammert und er sich als der coolste Monsterkiller auf Erden fühlen kann.

Also sei an dieser Stelle eine Bitte vorgetragen: Frauen, fürchtet euch nicht. Das macht Männer nur gemeingefährlich. Entwickelt ein realistisches Verhältnis zu Bedrohungen aller Art. Dieses ewige Geschrei: «Hilfe! Eine Spinne, eine Spinne!», das nervt. Selbst wenn das Untier um einiges größer als eine Spinne sein sollte, gilt es, Verhältnismäßigkeit zu wahren. Bei allem Respekt – aber es scheint mir doch reichlich übertrieben, in Anbetracht einer Maus hysterisch die Hände vor die Augen zu pressen und «Mach sie tot, mach sie tot!» zu kreischen. Er tut es nämlich. Er, ganz in seinem Element als Großwildjäger, greift zum Kanupaddel, erschlägt das armselige Nagetierchen und sagt: «Da! Hab ich für dich totgemacht. Watt sachste?»

Sie schaut sich nur angewidert die Sauerei an und zischt: «Du Mörder!»

Aber zurück zu unserem Dschungelcamp zu Anbeginn der Menschheit. Der Mann, mittlerweile ein gut konditionierter Aufpasser, hat eine Idee. Wäre es nicht ratsam, den gefahrvollen Waldboden hinter sich zu lassen und Regionen aufzusuchen, die erheblich übersichtlicher sind als die vermaledeiten Gebüsche, in denen sie bis dato hausten? Und so kam er auf den rettenden Gedanken, sein Rudel in Richtung Fluss zu treiben.

An der berühmten Biegung des Flusses hat das Gewässer einen breiten Strand ausgewaschen und eine riesige Geröllhalde aufgeschüttet. Flach, übersichtlich, perfekt. Und so kam es, dass sich die frühen Menschen in Flussnähe begaben.

Der Mann saß in den umstehenden Bäumen, um von diesem Hochsitz aus einen guten Überblick auf das umliegende Geschehen zu haben. Bei Gefahr rief er den am Strand befindlichen Weibchen zu: «Löwe! Löwe!», und die Damen flüchteten in das flache Gewässer, in das sich Landraubtiere nur sehr ungern begaben. Riefen die Unter- und Oberchefs: «Krokodil! Krokodil!», retteten sich die Ladys ans Ufer zurück. Kam das Grauen von beiden Seiten, war das Pech.

Ganz verlustfrei war die Flussmethode nicht, zumal es immer wieder anderweitige Abgänge zu beklagen gab. Ein nicht ganz unbeträchtlicher Teil der weiblichen Trossmitglieder ist nämlich schlicht und ergreifend ersoffen. Im Gegensatz zum heute lebenden Freibadbesucher konnten wir damals noch nicht schwimmen. Gar nicht. Kein Stück. Null!

Wenn man sich die Physiognomie unserer noch im Kölner Zoo lebenden dummen Verwandten anschaut, fällt auf: unfassbar kräftig, aber nicht die geringsten Zeichen von Körperfett. Ihre Gewebestruktur ist derart dicht, dass sie im Wasser im Grunde untergehen wie ein Sack Steine.

Den Machern der beliebten ZDF-Serie *Unser Charly* ist das auf schmerzliche Weise bewusst geworden, als sie eine Szene drehen wollten, in der der beliebte Fernsehschimpanse Charly ein Kind vor dem Ertrinken retten sollte. Hat nicht ganz geklappt. Ich weiß nicht, ob das dressierte Tier das Debakel überlebt hat, das Kind in jedem Fall. Was auch gut so ist. Wenn ein Affe verlustig wird, kann man ihn unbemerkt durch einen anderen der fünf Abgerichteten ersetzen, was bei einem Kind nicht so ohne weiteres möglich ist. Das fällt auf.

Da wir seinerzeit an der Flussbiegung von einem ähnlich fettarmen Körperbau waren – viele Frauen quittieren das jetzt sicher mit einem neidisch erschrockenen: «Was! Kein Fett! Ganz dünn? Ohne Diät? Ich will zurück!» –, gab es für uns, die menschlichen Urmännchen und Urweibchen, also ganz dünn, ganz mager (jaaa!), nur eine Lösung: Mädchen mästen!

Wir fütterten sie also mit allem, was uns in die Quere kam und was uns versprach, die schwimmunfähigen Damen dick und fett zu machen. Unter anderem auch mit Fleisch! Eine zwangsweise Umstellung der Ernährung, mithin vom Vollblutvegetarier zum Fleischfresser, fällt wahrlich schwer. Und die Frauen, trotzig, wie sie sind, verschmähten unsere blutige Zusatzkost, die wir doch eigens für sie erbeutet hatten.

Sie stopften sich, ganz gegen ihre Gewohnheit, mit allem Möglichen voll. Wenn es sein musste, sogar mit Fisch. Hauptsache, sie konnten immer dann, wenn wir mit den verhassten Kadaverresten ankamen, schmollend entgegnen: «Nö danke, ich bin schon satt.» So mussten wir unseren Mist eben selbst fressen.

Wir hätten damals sicher nur zu gern, wie es heute üblich ist, die Rolle des coolen Meisterkochs übernommen. Die Herren an den Fernsehtöpfen knüpfen an die quasierotische Tradition des damaligen Frauenfütterns an. Es gibt bekanntlich nicht viele Dinge, die man in einen anderen hineinsteckt.

Trotz der abweisenden Haltung der Damen vom Fluss zeitigten unsere Bemühungen, wenn auch nur indirekt, einen großartigen Erfolg: Die Frauen wurden dicker. Wir zwar auch, aber das tut nichts zur Sache. Durch den körperfettbedingten Auftrieb fühlten sich die Frauen im Wasser immer wohler, ja, sie kamen aus diesem gar nicht mehr heraus. Sie passten sich immer stärker an das Leben im kühlen Nass an. Körperfett schützt, wie jeder weiß, vor Kälte, also wurden sie noch dicker, damit sie noch länger im Wasser bleiben konnten.

Und so wurden sie eins mit diesem Element, dem wir in grauer Vorzeit als Lurche entstiegen sind. Wer im Wasser lebt, kann ständig und ungehindert trinken. Und so können wir bis zum heutigen Tage beobachten, dass Frauen erheblich mehr Flüssigkeit zu sich nehmen als Männer.

Das ist gesund, sagen sie. Quatsch, das ist reine Gewohnheit, sage ich. Wer im Wasser lebt, braucht keine starke Blase, sondern kann es jederzeit einfach laufen lassen. Und dass selbst die hartgesottenste Frau ständig zu müssen scheint, ist hinreichend bekannt.

Wer im Wasser lebt, sollte aber auch in der Lage sein, in diesem zu gebären. Die heute so chic gewordenen Unterwassergeburten führen deutlich vor Augen, dass den Damen dieses

Talent nach wie vor nicht abhanden gekommen ist. Kaum ein Landsäuger ist zu so einem Kunststück in der Lage.

Die Tatsache, dass dieses niedliche Säuglingsschwimmen, wo die drolligen, dicken (!) Winzlinge instinktiv Schwimmbewegungen machen und automatisch Mund und Nase verschließen, überhaupt funktioniert, lässt nur eine Schlussfolgerung zu: Sie können es, weil sie es mal können mussten. Damit ist bewiesen: Die Entwicklung der Frau zur Seekuh war absehbar, ist aber aus mir noch schleierhaften Gründen unterbrochen worden.

araus folgt:
1. Angela Merkel ist eine Seekuh!
2. Es gibt keine dicken Frauen! Sie sind nur im falschen Element!
3. Keine Angst vor der kommenden Flut! Frauen sind bestens angepasst!
4. Männer sind dumme, aggressive Aasfresser, denen man einfach davonschwimmen sollte!
5. Vorher: Mit dem Paddel auf'n Kopp hauen!

Ein Mann, das ist doch nur ein paar
Zentimeter Fleisch mehr.

*M*änner sind ekelhafte Schmutzfinken. Suhlen sich im Dreck und stinken wie die Iltisse. Zu jedweder Hausarbeit muss man sie mit Gewalt zwingen. Regelmäßig den Müll raustragen, das heißt für den Mann: zu Ostern, und wenn es gar nicht anders geht, auch schon mal zu Weihnachten. Alles, was nicht schlimmer stinkt als er, so sein Credo, kann erst mal stehen bleiben. Er denkt sich, nicht ganz lebensfern: Wenn man alles miefig Überflüssige aus dem Haushalt entfernt, könnte er sich selbst gleich mit rausschmeißen. Den Mann verbindet mit dem Müll quasi eine enge Schicksalsgemeinschaft. Man hält zusammen.

Außerdem: Man weiß ja nie, wozu der Unrat noch gut sein könnte. Als langjähriger MacGyver-Glotzer ist er schließlich theoretisch in der Lage, bei plötzlichem Stromausfall aus einem Joghurtbecherdeckel eine provisorische Sicherung zu konstruieren. Der tolle Tausendsassa!

Es soll allerdings schon Fälle gegeben haben, wo Männer – unglaublich, aber wahr – täglich den Müll brav vor die Tür brachten. Sollten wir es hier etwa mit einigen hoffnungsvollen Ausnahmen zu tun haben, in denen aufgeklärte Frauen, unter Einsatz zaghaft dosierter körperlicher Gewalt, ihre Dreckskerle zu funktionierenden Mitgliedern unserer Gesellschaft umgeformt haben? Leider nein. Bei näherer Betrachtung entpuppten sich die eifrigen häuslichen Müllentsorger vielfach als zwanghaft veranlagte Geistesgestörte. Oder wie in meinem Fall als Trickbetrüger. Ich hatte, wie ich zu meiner Schande gestehen muss, einfach ein Paar Gummititten an die Mülltonne geschnallt. Damit war mir das Müllraustragen natürlich eine echte Freude. Aber das gilt nicht. Das ist regelwidrig. Hausarbeit muss lustfrei bleiben.

Zur Strafe musste ich dann dreimal täglich das Klo putzen. Das ist wahrlich kein Spaß! Auf meine freche Frage hin, ob es denn nicht genüge, wenn ich die Toilette mit meinen tollen Strullerschwänzchen druckvoll ausspritzen würde, hat der Rohrstock mich eines Besseren belehrt. Als man mich dann auch noch dabei überführte, wie ich zur Steigerung meiner Kloschruppleistungen – unter Missachtung aller Vorschriften – einfach ganz dreist eine Möse in die Kloschüssel gemalt hatte, war das Maß voll. Ich war gerade dabei, die willige Toilettenschüssel mit meiner Klobürste wild zu penetrieren, als mich der Schlag genau zwischen den Schulterblättern traf. Gottlob waren keine arbeitsbeschränkenden Verletzungen zu beklagen.

Aber: Ich bekam drei Wochen Hausarrest und musste zehn Gastspiele absagen. Mein Management reagierte irritiert, räumte aber ein, dass es Momente im Leben gibt, in denen man sich einer höheren Gewalt beugen muss. Geläutert, aber von Grund auf rebellisch, wie ich bekanntlich nun mal bin, trat ich Wochen später erneut auf den Plan.

Die moderne Technik kann dem Mann, der heute in einer komplexen Industriegesellschaft lebt, des Öfteren zum Segen gereichen. So verfiel ich auf die Idee, mir bei der lästigen Kloreinigungstätigkeit die Arbeit zu erleichtern, und zwar mit Hilfe von bestimmten Gerätschaften. Ein Laubsauger ist so ein formidables Utensil, das jeder aufrechte Mann sein Eigen nennen sollte. Schon der Anblick lässt Männerherzen höher schlagen: ein langes, formschönes und motorisiertes Rohr, an dessen oberem Ende sich sogar ein Sack befindet. Da es vom diensthabenden Mann entgegenkommenderweise bequem in Höhe der Leistengegend gehalten werden muss, kompensiert dieses Kleinod der Gartenpflegetechnologie so manche Frustration der vermeintlich Zukurzgekommenen.

Ich möchte an dieser Stelle vorschlagen, dem Erfinder dieser revolutionären Schwanzverlängerung den Friedensnobelpreis zu übereichen. Das wäre doch das Mindeste, was man erwarten kann.

Dieses multifunktionale Männerhaushaltsgerät ist vielseitig einsetzbar. Die pferdestärkenaffine Reinigungskraft in Herrengestalt kann dieses Wunderding sogar innerhäusig einsetzen. Auch ein Wohnzimmer hat einen Anspruch auf kraftvolle Säuberung. Und wenn der Flokati-Teppich der Frau im Saugrohr verschwinden sollte, kein Problem: Der eingebaute Powerschredder wird damit leicht fertig. Selbst fusselige Kleintiere wie Meerschweinchen und Katzen werden säuberlich in feinste Teile zerhächselt.

Und damit kommen wir zurück zum Ausgangspunkt unserer technischen Exkursion: Man kann damit das Klo sauber machen. Das gibt zwar eine riesengroße Sauerei, da der Sack nicht so recht wasserdicht sein will, aber an der Schwierigkeit arbeite ich noch.

Oh, wenn mich Ihre Herrschaft doch nur so sehen könnte!

Glücklich, und reinigungstechnisch hocheffizient!

Und das Schönste ist diese unglaubliche innere Freude!

Ich bin zutiefst beglückt ob meines männeremanzipatorischen Vergeltungsgefühls. Ja, ich fühle mich wie die Manifestation des Racheengels der verloren geglaubten Männlichkeit.

Da stehe ich aufrecht vor der Kloschüssel und denke befriedigt: Endlich mal wieder das Rohr in die Schüssel halten können, ohne dass jemand meckert. Es wieder zum Vorschein gelangt, das Aufbegehren des unterdrückten Sitzpinklers.

Und auch hier wollen wir ehrlich miteinander sein.

Das, meine lieben Freunde, das sind wir Männer doch alle: gedemütigte Sitzpinkler!

Unsere Schande – sie ist dem weiblichen Reinlichkeitsdenken als Tribut gezollt. Frauen wollen zu Hause keinen stehen haben. Das ist unrein. Und so ist es geschehen: Männer stehen nicht mehr länger zusammen, sie hocken beieinander. Und da kommt mir der Ausruf eines verdienten Quartalsäufers in den Sinn: «Lieber einen sitzen haben und nicht mehr stehen können als einen stehen haben und nicht mehr sitzen können.»

Lebensweisheiten sind oft simpel. Aber treffend.

Sitzpinkler sein – ein Sinnbild männlicher Unterwerfung, leider jedoch unumgänglich. Es beginnt mit der erschreckenden Tatsache, dass es keine Unterhosen mehr gibt, die den praktischen Eingriff haben. Wenn man junge Leute heute mit dem Begriff «Eingriff» konfrontiert, fällt ihnen da fast alles Mögliche ein, aber das Umfeld «Unterhose» wird mit Sicherheit nicht tangiert. Eher werden da Themen wie Brustvergrößerung oder Fettabsaugen angesprochen.

«Eingriff» – was, bitte schön, war das nochmal?

Ein bekleidungstechnisches Meisterwerk, das zu Unrecht in Vergessenheit geraten ist. Ein freitragender Unterhosenschlitz, der ohne stützende Säulenkonstruktion oder neumodischen Schnickschnack wie etwa Druckknopf oder Reißverschluss auskommt. Ja, sogar ohne die den Frauen so vertraute und uns Männern aufs Äußerste verhasste Häkchenarchitektur.

Nein. Ein «Eingriff» ist eher ein auf dem berühmten

Prinzip der sich überlappenden Stoffbahnen beruhendes und somit ein der Zaubertaschen-Handwerkskultur entlehntes Wunderwerk.

Der Eingriff! Ein Symbol männlicher Unkompliziertheit. Verhüllt und doch gleichzeitig ungebunden wie ein wildes Tier. Jederzeit vermochte sich der Sinnstifter der Herrlichkeit seinen Weg ins Freie zu bahnen. Bei plötzlichem Blasendruck konnte unverzüglich für Erleichterung gesorgt werden. Selbst auf die Zuhilfenahme von häufig an den Unterarmen befindlichen Extremitäten – wie etwa Hände – war getrost zu verzichten. Er, der Beherrscher des Unbewussten, konnte völlig autark das Licht der Welt erblicken, um die aufgestauten Ausschwemmungen der männlichen Existenz in die eigens dafür von Gott geschaffene Wildnis zu entlassen. Ja, es gab einmal eine Zeit, da hatten Männer noch saubere Hände.

Heute tragen Männer den sogenannten Herrenslip. Das ist ein eingriffsloser, enganliegender Genitalhalter, dessen gummiartig gestrecktes Polymergewebe dem ganzen Beckenbereich das Aussehen von vakuumverpacktem Grillfleisch gibt.

Da drängt sich doch sofort die Frage auf: Wer hat sich das nur ausgedacht? Wer hat den Eingriff verflixt nochmal zugenäht?

Ich will hier nur ungern als piefiger Verschwörungsfanatiker dastehen. Aber einer muss den Mut haben, diesen infamen Komplott ans Tageslicht zu zerren. Halten Sie sich fest, jetzt kommt's: Die Frauen waren das natürlich! In Tateinheit mit polnischen Näherinnen.

Lassen Sie uns nachdenken. Wer kauft uns denn immer diese neckischen Teile? Diese Korsetts für Dreibeiner?

Frauen, ist doch klar. Schöne bunte Herrenslips … wie süß!

Und immer mit längerem Beinchen, damit das unbedingt zu verhüllende, unansehnliche «Ding» auch ja nicht aus Versehen herausrutscht. Die langjährigen Erfahrungen mit den einst so beliebten Boxershorts haben ihre Spuren hinterlassen – und dem Mann einschneidende Erlebnisse beschert.

Und dann dieses am Bund befindliche, in Breite und Stärke völlig übertriebene Gummiband. Damit ist aber auch der grausigste Tatort hermetisch abgeriegelt.

Der Herrenslip ist das Guantanamo des besten Freundes!

Mit diesen Teilen ist das Pinkeln im Stehen unmöglich.

Der Mann steht am Pissoir und will sich endlich mal wieder seiner Notdurft aufrecht entledigen. Am besten noch in einer im Schritt geknöpften Jeans. Das ist auch so eine stehpisserunfreundliche Erfindung. Der Teufel steckt wie immer im Detail. Es ist eine schiere Unmöglichkeit, den Hosenstall selbst partiell zu öffnen. Die unteren Knöpfe bekommt man einfach nicht auf.

Um in die Leitzentrale zu gelangen, muss man zunächst den Gürtel öffnen. Erst danach lassen sich die Metallknäufe aus den absichtlich knapp genähten Stoffschlitzen ein um den anderen herauslösen. Spätestens mit dem Entkoppeln des letzten Knopfes verliert die Hose endgültig ihren beckenumspannenden Halt und läuft Gefahr, ins Bodenlose zu rutschen.

Gefahr erkannt – Gefahr gebannt: Der Mann hält die Hose mit der einen Hand fest, um mit der anderen das gute Stück aus der Umklammerung des Polymerknastes zu befreien. Das Gummiband, seiner wahren Bestimmung folgend, drückt nun gezielt auf die Harnröhre. Der Harnfluss ist gestört, man pinkelt, wie Edmund Stoiber spricht: stoßweise.

Der Mann zieht die Hose entnervt herunter, setzt sich auf die nächstbeste Toilette und brüllt verzweifelt die Klotür an: «Scheiße! Verloren!»

Und nun werfen wir zur Abwechslung einen Blick in die angrenzende Damentoilette. Was muss unser entzündetes Auge da erblicken? Unsere herrlichen Töchter Evas, genau jene, die uns den ganzen Wahnsinn eingebrockt haben – sitzen sie etwa, wenn sie sich genötigt sehen, Wasser abzuschlagen? NEIN!

Sie stehen! Nicht ganz aufrecht, aber sie stehen. Ich habe mir das oft genug angesehen. Habe mich wie zum muslimischen Morgengebet ehrfürchtig auf die Knie geworfen, um einen winzigen Blick auf das bestgehütetste Geheimnis der Welt zu erheischen. Habe mich dadurch der Bedrohung ausgesetzt, mir einen Kuss ihrer waffenscheinpflichtigen Stilettos einzufangen. Und ich habe gebibbert und gezittert.

Gutgläubig, wie ich bin, habe ich naiv erwartet, dass sie, die Unantastbaren, diese frommen Sitzpredigerinnen, unsere Ikonen der Toilettenkultur, die Behüterinnen der Aufrichtigkeit – dass sie in ihrer unendlichen Heiligkeit sich thronend entwässern würden. Wie es sich für wahre Göttinnen gehört. Nur ein winziger, nicht nennenswerter Hauch eines Zweifels flüsterte mir gehässig ins Ohr: «Sssie ssstehen ... ssie sssstehen ...»

Nein, habe ich innerlich geschrien, nein, sie stehen nicht. Das kann nicht sein. Dann wäre ja alles Betrug. Schweig, du Stimme des Satans! Auf dich falle ich nicht herein. Sie stehen nicht. Sie stehen nicht. Sie stehen nicht.

Schließlich öffnete ich die Augen – und sah es. Ja, ich habe es gesehen. Und bei allem, was mir heilig ist, schwöre ich: «Ja – und sie stehen doch!

Die haben sogar die Klobrille hochgeklappt. Die Klobrille! Ich kann mich schon gar nicht mehr daran erinnern, wie sich das anfühlt. Dieses wohlige Ritual war auch mir in grauer Vorzeit in Fleisch und Blut übergegangen. War ein Teil meiner Identität. Ein unbewusster fließender Bewegungsablauf. Ankommen, Brille hoch, Hose auf, laufen lassen. Wie ein Uhrwerk, immer gleich, immer wieder dieses perfekte rhythmische Timing.

Einem Glockenspiel gleich, das einem tagtäglich zu selbiger Stunde zuverlässig in den Ohren klingt. Man nimmt es irgendwann aus Gewohnheit nicht mehr wahr. Aber wenn eines Tages dieses vertraute Läuten ausbleibt, weil die Mechanik unbemerkt den Geist aufgab, spüren wir einen, wenn auch nicht lokalisierbaren Verlust. Irgendetwas fehlt. Wir wissen zwar nicht, was, aber wir spüren, dass unser Leben ein Stück ärmer geworden ist. Das Hochklappen der Klobrille, dieses unverwechselbare leise Klack, wenn die Brille zärtlich gegen den Klodeckel stößt. Und danach ... zwei ... drei ... vier ... pschschhhhh, das sanft anschwellende Strullergeräusch. Ach, wie schön.

Wie lange ist das her, dass ich diese Sinfonie in seiner vollständigen Version vernahm? Ich kenne sie seit Jahren nur noch ohne die Ouvertüre. Ohne dieses zarte KLACK.

Aber ausgerechnet hier, ausgerechnet auf der Damentoilette, treffe ich auf dieses KLACK wie auf einen jahrelang totgeglaubten Verwandten.

Ich fühle mich beraubt!

Die Frauen haben mich bestohlen!

Gebt mir mein KLACK zurück!

Eine große Frage quält meinen Geist, die Frage nach dem Warum. Ja, bitte schön: Warum stehen die Mädels eigentlich?

Und plötzlich steigt in mir eine Ahnung hoch, und ich schlage mir, vom Geistesblitz der Erkenntnis getroffen, hundertmal kräftig vor die Stirn. Ich hätte es gleich wissen müssen. Natürlich setzen sich die empfindlichen Elfen nicht. Nicht in diesen Dreck. Ist doch klar!

Aus der berechtigten Angst heraus, sie könnten sich mit irgendetwas infizieren, das da mit Sicherheit auf der Oberfläche der Brille nur darauf wartet, sie zu bespringen. Aus diesem Grund wahren sie gebührenden Abstand zu der verseuchten Schüssel des öffentlichen Aborts. Was kann man sich da nur alles einfangen!

Froh sollte ich sein, dass die gute Frau, nicht zuletzt auch um meine Sicherheit besorgt, vorsorglich jeden kontaminierenden Kontakt vermeidet. Ansonsten hätten wir am Ende wieder einen lästigen Pilz. Wir!

Früher hatte nur sie allein das Problem. Heute kommt sie vom Frauenarzt zurück, mit zwei Tuben eines hochdosierten Antifungizids bewaffnet, und motzt: «Hier, *wir* haben einen Pilz. Was hast du nur wieder gemacht, du Ferkel? Damit dreimal täglich eincremen, aber nicht wieder so dick. Das ist keine Gleitcreme. Und zur Strafe musst du die gesamte Bettwäsche abziehen und waschen. Die Unterhosen auch, und zwar sämtliche! Und denk daran: im Kochgang. Wasch dir regelmäßig die Hände, und desinfiziere das Klo. Ab! Marsch! Marsch!»

Schuldbewusst verrichte ich meine Arbeit, mit der Gewissheit, in der Tat für dieses Malheur verantwortlich zu sein: Ich bin halt Sitzpinkler!

Beim wiederholten Sterilisieren der heimatlichen Sanitäreinrichtungen taucht in mir die Frage auf, warum eigentlich die Damen, das stehende Geschlecht, nicht auch vor jeder Toilettenbenutzung den vor Widerwärtigkeit strotzenden Sitzring mit der chemischen Keule behandeln. Ebenso wie wir könnten sie doch auch die Klobrille mit einigen wenigen Metern des vorhandenen Toilettenpapiers umwickeln.

Mir persönlich bereitet dieser Vorgang immer eine gewisse Freude. Ich fühle mich dabei immer ein wenig wie der berühmte Verpackungskünstler Christo. Dank meines Fotohandys bin ich in der Lage, ein stattliches Arsenal mit Abbildungen von hochkünstlerisch umwickelten Klobrillen vorzuweisen.

Aber jeder, der schon einmal im Theater oder im Kino war, weiß um die elend langen Schlangen vor den Damentoiletten. Und wir können uns nur zu gut vorstellen, welche Notstände diese armen Geschöpfe quälen. Erst müssen sie ewig warten, bis sie drankommen. Und kaum sind sie drin, müssen sie auch schon wieder schnellstmöglich raus. Blasen- und Zeitdruck. Eine unheilvolle Kombination.

Hochleistungssportlerinnen gleich stürmen sie in die Zelle: Die Zeit läuft! Rein, rumdrehen, Reißverschluss auf, Hose Richtung Unterschenkel, Schlüpfer in Kniehöhe arretieren. Pullerposition einnehmen. Sie erinnern in der Tat an eine Skispringerin kurz vorm Start. Sie halten sich sogar am Türgriff fest, damit sie der Rückstrahl nicht umhaut. Die durch Geburtsehrfahrung gestählte weibliche Pressfähigkeit kommt der Hochdruckpinkelpilotin natürlich sehr entgegen.

Ein Manko kann aber doch festgestellt werden. Frauen fehlt die uns Männern angeborene Zielvorrichtung. Das, was die Damen da zur Verklappung verwenden, erinnert eher an eine Art Zerstäuber. Sie produzieren einen schwer kontrollierbaren Sprühnebel.

Das Ergebnis: Na ja. Eher ein Unschönes.

Das Klo sieht aus wie Sau.

Und wer muss es hinterher wieder sauber machen?

Richtig.

Ich, mit meinem Laubsauger.

Super!

MÄNNER
BRAUCHEN
SCMERZEN!

Es gibt keinen Moment im Leben eines Mannes, in dem er sich so überflüssig vorkommt wie bei der Entbindung eines Kindes. Das ist durchaus so gewollt. Es ist wohl die niederschmetterndste Erfahrung für einen gefahrendurstigen Abenteurer, für einen mit allen Wassern gewaschenen Haudegen, für den härtesten Kerl in der schnellen Eingreiftruppe, für den ultimativen Macher schlechthin.

Es ist eines der letzten wahren Abenteuer dieser Zivilgesellschaft: Unter Einsatz ihres Lebens bringt eine Frau ein lebendes Kind zur Welt! Und er, der großartige Erzeuger, der Weltenretter, ist dabei! Aber eben genau nur das: *dabei*! Das ist für jeden Mann eine grandiose Demütigung! Er kann nix tun. NIX!

Das wissen die Frauen natürlich ganz genau. Und so zwingen sie ihren Samenspender, der dramatischen Entbindung nutzlos beizuwohnen. So, als wollten sie ihm – gewissermaßen durch die Plazenta – mitteilen: Komm nur gucken, mein Lieber. Gewöhn dich schon mal an deine neue Rolle! Du Drohne!

Und dann schreien sie herzzerreißend auf, die Frauen, winden sich im Schmerz einer neuerlichen Wehenattacke. Und dem Geburtsbeisitzer bleibt nichts anderes, als ihnen das Patschehändchen zu halten und zu fragen: «Isses wirklich so schlimm?» So hatte er sich das natürlich nicht vorgestellt. Nein! Er hat sich seinen Einsatz viel heroischer gewünscht! Er, der Mann. Er, der große Entbinder. Ganz im Stil eines Bruce Willis. Er, der Unerschrockene, befindet sich mit seiner Herzdame im siebenundzwanzigsten Stockwerk eines Hochhauses. Sie, von mädchenhafter Zartheit, hochschwanger und herrlich untapfer, greift sich panisch, aber unhysterisch an den Bauch. Mit leicht brüchiger, fiepsender Stimme verkündet sie: «Schatz, ich glaube, es geht los!» Woraufhin er mit angespannter Brustmuskulatur und mitfühlendem Gesicht eindringlich erwidert: «Keine Panik, Baby. Bleib locker. Ich trag dich.»

Und so wuchtet er – dank seiner Metzgerausbildung das Schleppen gemästeter Rinder gewohnt – das geliebte Prachtweib in seine gestählten Arme und schleppt sie mit Entschlossenheit und Zuversicht all die siebenundzwanzig Stockwerke hinab. Ja, natürlich könnte er den Aufzug benutzen. Aber bei meiner Ehre als Mann, das, meine lieben Freunde, wäre uncool! Und so trägt er aufopfernd die Mutter seines zukünftigen Kindes bis ganz hinunter in die Tiefgarage. Zielstrebig weiter bis zum Auto, wo er, dort angekommen, sich die Schuhe von den Füßen streift, um mit seinen geschickten Zehen den Wagen zu öffnen. Natürlich hätte er sein nilpferdhaftes Pummelchen kurz absetzen können. Aber bei meiner Ehre als Mann, das, meine lieben Freunde, wäre erst recht uncool!

Mit letzter Kraft und unvermuteter Eleganz verfrachtet er den Kugelfisch auf den Rücksitz, wirft sich ans Steuer und rast durch die spektakulär zerberstende Schranke ins Freie. Mit brennenden Reifen prescht er durch die Rushhour, schießt sich den Weg frei und brüllt: «WEG DA! WIR KRIEGEN EIN KIIIIIIND!»

Sie, die in Kürze ein Wunderkind Gebärende, wimmert

schmerzgekrümmt und schweißüberströmt. Leise, aber durchdringend ist zu hören: «Schatz, wir schaffen das nicht mehr … oh! Ich glaub, es geht los!»

Er hält den Wagen mitten auf der Kreuzung, blickt, während er sich mit dem Zeigefinger die Sonnenbrille zurechtrückt, in den Rückspiegel und spricht gelassen die Worte: «Bleib locker, Baby! Ich hab 'nen Werkzeugkasten dabei. Wir machen es selbst!»

Und so bringt der Tollste aller Tollen sein eigenes Kind auf dem Rücksitz seines eigenen Autos zur Welt. Dammschnitt mit dem Kabelschneider – gar kein Problem! Nein, nicht mit so einer blöden, krummen OP-Schere. Das wäre so was von oberuncool! Nein, mit den blanken Zähnen beißt der Fantastische die Nabelschnur durch, greift ins Handschuhfach, holt ein Yes-Torty heraus, steckt eine Kerze hinein, hält sie ihr entgegen und verkündet feierlich: «Schatz, wir sind eine Familie!!!»

Ja, so herrlich stellt er es sich vor, er, das größenwahnsinnige Alpha-Männchen.

Aber wie sieht die Realität, die brutale Wahrheit, aus?

Sie fährt selbst! Damit geht das männliche Drama schon los. Er, der ach so Unerschütterliche, wirkt plötzlich seltsam aufgeregt, nervös und hilflos. Ungläubig fragt er nach, ob es denn wirklich schon so weit sei. Seine Hände zittern, und nach Atem ringend und panisch japsend, jammert er herum: «O Gott! O Gott! Ich glaub, ich kann das nicht. Ich schaffe das niemals. Bist du wirklich sicher? Ich meine, das könnten doch auch Vorwehen sein? O Gott, ist mir schlecht.»

Sie schubst ihn entnervt auf den Beifahrersitz, verstaut den Reisekoffer, den sie zuvor, ihn gereizt vor sich hertreibend, selbst getragen hat. Sie steigt in den Wagen und stutzt einen kurzen Moment. Schließlich meckert sie den ihr angetrauten

Jammerlappen an ihrer Seite verächtlich an: «Sag mal, wieso ist denn der Motor schon an? Hast du schon wieder an der Zündung herumgespielt?»

«Nein!», heult er darauf hysterisch zurück. «Das ist nicht der Motor. Das bin ich, der da so zittert …»

So erreicht das pränatale Dreamteam die Entbindungsklinik. Er, kreidebleich, aber dank eines Frühstücksbeutels, in den er während der Fahrt atmend, seine Hyperventilation im letzten Augenblick doch noch in den Griff bekommen hat, steigt jetzt wieder etwas gefasster aus dem Fahrzeug. Und da er irgendwie ahnt, dass er bis dahin eher eine lächerliche Figur abgegeben hat, hetzt er schuldbewusst um den Wagen herum, um ihr, ganz Gentleman, wenigstens galant aus dem Auto zu helfen. Das, so hofft er, wird doch sicher ein halbwegs gutes Licht auf ihn werfen. Zumal diese Krankenschwestern, die sich zum Rauchen vor der Klinik zusammengerottet haben, schon so seltsam kichern.

Ihm ist klar, dass sie die für ihn despektierliche Situation mit einem Blick erfasst haben. Aber noch ist nicht alles zu spät. Er reißt die Fahrertür auf und reicht seinem Prachtweib die Hand. Aus den Augenwinkeln kann er gerade noch erkennen, wie das spöttische Grinsen der qualmenden Schwestern ersirbt. Noch bevor er sich seines Triumphes so richtig bewusst wird, vernimmt er ihre Stimme. Aber statt des erwarteten Dankes ertönt ein schrilles: «Fass mich nicht an! Ich bin SCHWANGER und nicht BEHINDERT!!!»

Sie stampft energisch an ihm vorbei, stößt ihn kraftvoll zur Seite. Ganz allein, keuchend, und dadurch umso heldenhafter, schleppt sie sich in die Klinik. Er trottet niedergeschlagen hinter ihr her, um das hämische und prustende Gelächter der dampfenden Klinikdrachen entgegenzunehmen. Er flüchtet in die rettende Vorhalle des renommierten Krankenhauses, um direkt vom Regen in die Traufe zu kommen. Denn das Grauen wartet bereits angewidert auf ihn.

Die Hebamme! Die fleischgewordene Rache der Evolution!

Der Beruf der Hebamme ist in unserem Lande eine reine Frauendomäne. Und das merkt man ihnen auch an. Es gibt in dieser Republik einen einzigen männlichen Geburtshelfer! Diesbezüglich kommt aber niemand auf die Idee, folgende Forderung zu stellen: «Wir wollen eine Quote!»

Nein, Hebamme zu sein, das ist Frauensache. Und sie, die selbstbewussten Geburtshelferinnen, wollen eigentlich autonom sein. Aber nachdem das bundesdeutsche Klinikwesen all diesen unabhängigkeitswilligen Hebammen in der Vergangenheit zumeist männliche Gynäkologen als Chefs vor die Nase gesetzt hat, fühlen sich diese Damen – zu Recht – zurückgesetzt. Die Halbgötter in Weiß kassieren Lob und saftige Honorare, während die wahrhaft lebensspendende Geburtshelferin zur Fruchtwasserschubse degradiert wird.

Ihre aufgestauten Rachegelüste kompensieren sie an dem nächstbesten Schwanzträger, der ihnen ahnungslos über den Weg läuft. Allein ihr Blick lässt Männern das Blut in den Adern gefrieren. Für Umstehende sehen sie einen mit einer nicht wahrnehmbaren Verächtlichkeit an. Nur der Betroffene, dieses maskuline Beistelltischchen an der Seite seiner hochschwangeren Amazone, ist in der Lage, es zu empfangen. Der Mann hört es wie ein laut gekeuchtes Flüstern in seinem inneren Ohr, als spräche die Leibhaftige selbst zu ihm: «Määääänner! Wenn iiiihr diesen Geburtsschmerz aushalten müsstet, iiiihr würdet allesamt verrecken vor Schmerzzzzz … hahaaaaa!»

Als Mann spürst du einfach intuitiv, dass sie recht hat.

Und um dem Ganzen noch einen draufzusetzen, erzählen sie dir – ganz beiläufig natürlich – haarsträubende Horrorgeschichten. Etwa die, dass das Kinderkriegen genauso sei, als würde man Backsteine querkacken ...

Mit verzerrtem Gesicht und einem unbehaglichen Gefühl in der Rektalgegend betritt der Mann daraufhin den Kreißsaal. Er ist in den heiligen Hallen der Leben Gebärenden angekommen. Er gibt sich dem schicksalsträchtigen Moment hin, während sich alle Trächtigen ihrem Schicksal hingeben.

Wie auf allen modernen Entbindungsstationen üblich, sind auch hier mehrere Kreißsäle zu finden. Nummer 1, Nummer 2, Nummer 3, Nummer 4. Es ist ein regelrechtes Wettwerfen auszumachen. Und in jedem Kreißsaal steht ein anderes Trommelbauchschweinchen kurz vor der Niederkunft.

Die eine hängt stöhnend am CTG, dem elektronischen Herzton-Wehenschreiber, eine andere blubbert in der Badewanne und hechelt ihrer Unterwassergeburt entgegen. Kurzum, die Gebärfreudigen wirken gebärend, aber nicht freudig. Also, Stimmung ist wahrlich etwas anderes. Und da fühlt sich der Mann, der geborene Entertainer, dieser wandelnde Quell der Fröhlichkeit, der Inbegriff des Mutterwitzes, auf der Stelle herausgefordert und versucht, der Situation angemessen, die auf dem Tiefpunkt befindliche Gemütslage in ungeahnte Höhen zu katapultieren.

Und was, bitte schön, wäre passender, als diese darbenden Seelen hier im Saal mit einer humorigen Entbindungsgeschichte zu erfreuen!

Also wirft er sich ins Zeug und berichtet, laut und vernehmlich, von einer wahren Begebenheit: «Hömma, watt glauben Sie, watt ich schon alles erlebt hab. Datt glaubense nich. Meine Schwester, ne. Meine Schwester, datt glaubense echt nich.

Hömma, die hat acht Wochen übertragen. Acht Wochen! Ich war dabei. Datt Kind war am Ende über ein Meter groß. Und neuntausendachthundertzweiundsechzig Gramm schwer. Und kam quer! Hömma, quer!

Ich dachte schon, der Kälberstrick muss her. Sag ich denen: ‹Ich hol datt Kind da raus!› Sagt der Arzt: ‹Nee, nix da. Natürliche Entbindung.› Natürliche Entbindung, hat er gesagt!

Von wegen natürliche Entbindung. Die ganze Klinik hat sich auf den Bauch geschmissen, um die Kröte da rauszudrücken. Meine arme Schwester. Hömma, die ist gerissen bis zum Bauchnabel. Bis zum Bauchnabel! Die konnteste hinterher aufklappen wie sooon Überraschungsei.»

Spätestens in diesem Augenblick greift eine von diesen kampfsporterprobten Hebammen beherzt ein und beendet die stimmungsvolle Erzählung, indem sie den unkontrolliert labernden Komödianten beiseitenimmt und an ihm eine Wehenschmerzensimulation vollführt. Hierzu legt sie ihm lächelnd die Hände auf die Schultern, zunächst ganz zart, danach unvermittelt kräftig. Ihr eben noch sanfter Blick verhärtet sich für Sekundenbruchteile. Und ihr hübsches Knie schnellt kraftvoll in seine Lendengegend und stimuliert so auf massive Weise die Schmerzrezeptoren des männlichen Genitalbereichs. Dies wiederholt sie, in kurzen Intervallen, so lange, bis er auf ganz natürliche Art und Weise alle Stationen der wundersamen Entstehung des Lebens im Bauch der Mutter an seinem eigenen männlichen Körper nachempfinden kann.

In der Anfangsphase: der Eisprung. Aufgrund ihrer speziellen Bauart können Männer sogar zwei Eisprünge gleichzeitig erleben. Danach erfolgt die Senkung des Beckenbodens, schließlich der geburtseinleitende Blasensprung. Und weil Männer sich infolge einer solchen Intensiverfahrung in der Tat schwanger, das heißt trächtig, fühlen, spricht der Fachmann hier von einer Tracht Prügel.

Und als weiteres Indiz dafür, dass Männer gut zu schlagen sind, lässt sich an dieser Stelle eine weitere Tatsache als Beweis ins Feld führen: Trotz aller oben angezeigten Bemühungen, dem Manne adäquate Unterleibsbeschwerden angedeihen zu lassen, wird er, das ist er sich selbst schuldig, nicht schreien.

Ein Mann schreit nicht, basta! Da kann er sich versehentlich einen Bauchdurchschuss zugezogen haben – kein Schrei wird ihm über die Lippen kommen. Nein, er wird die Zähne zusammenbeißen und mit gepresster Stimme darauf hinweisen, dass dies nur ein Kratzer sei. Gleich würde der Schmerz sicherlich wieder vorbei sein, und man solle doch ruhig ohne ihn weitergehen, er sei eh nur eine Last für die anderen.

So edel, selbst- und lautlos ist er halt, der gute Mann.

Ganz anders dagegen die Frau im Entbindungskampf. Spätestens wenn die finalen Presswehen einsetzen, jener dramatische Abschnitt, der in der Fachsprache auch «Austreibungsphase» genannt wird, geht es hoch her.

«Austreibungsphase» klingt nicht nur verdächtig nach Exorzismus, es hört sich auch tatsächlich so an. Unter gebetsmühlenartig gemurmelten Beruhigungen seitens der Hebamme windet sich die im Endstadium befindliche Schwangere in schier unerträglichen Schmerzen. Sie brüllt aus Leibeskräften. Sie schreit mit einer ohrenbetäubenden Urgewalt. Sie hechelt und presst und schreit und schreit und schreit: «AAAAHHHHHHHH!!!!!!»

Der Mann steht hilflos und mit weit aufgerissenen Augen daneben. Verzweifelt winselt er in sich hinein: «Was hab ich der Frau nur angetan?» Von Schuldgefühlen zerfressen, wendet er sich, fast schon in der Auflösung befindlich, an seine Liebste, das Opfer seiner Schande, und schwört mit vor lauter Hysterie gebrochener Stimme: «Ich fick dich nie wieder!»

Und das sagt er nicht nur so, er meint das auch genau so. Ja, der als ach so sexhungrige Dauerrammler verunglimpfte Mann – in diesem Augenblick ist er sexuell völlig traumatisiert. Er will nie wieder Sex haben. Nie wieder!

Dieser Zustand hält beim Mann etwa drei bis vier Minuten an, danach normalisiert sich sein Gemütszustand wieder. Er wird ruhig. Er wischt sich die Tränen aus den Augen. Er öffnet vorsichtig die Augen. Und was er sieht, ist gut. Das Kind hat es geschafft. Es lebt. Es schreit. Die Mutter lebt auch, ist aber ganz ruhig. Alles ist gut. Die Nachgeburt ist raus. Sieht auch gut aus. Der Arzt näht das Notdürftigste zusammen. Sieht nicht so gut aus. Der Mann sagt: «Ach, Herr Doktor! Wennse eh schon dabei sind: Machen se es doch gleich ein bisskem enger …»

Das war überhaupt nicht gut. Wie ein geölter Blitz jagt die uns bekannte Hebamme herbei und nimmt oben erwähnte Behandlung schlagartig wieder auf.

Und wenn ich schlagartig sage, dann meine ich auch schlagartig. Wenn man Männer schlägt, kann das durchaus artig sein. Braves Mädchen. Weiter so!

5.

MÄNNERN
MUSS MAN ALLES
ZERSTÖREN!

*M*acht kaputt, was euch kaputt macht!» Diesen Spontispruch aus den wilden Jahren der 68er-Bewegung haben sich, allem Anschein nach, die Freiheitskämpferinnen unserer Tage auf die Fahnen geschrieben. Kaum ein Bereich männlicher Selbstherrlichkeit, der nicht von den Damen mit kindlicher Freude ins Visier genommen wird.

Die Rettung der Welt, so muss sich der angekratzte Öko-Aktivist sagen lassen, das wäre doch ein Aufgabenbereich, in dem er seine großartigen Talente sinnvoll zum Einsatz bringen könnte. Er hat dabei das verängstigte und sorgenvolle Wehklagen seiner Angetrauten vernommen. Sie scheint fast umzukommen vor Besorgnis. Immerhin: Die ganze Welt ist in Gefahr. Durch die Klimakatastrophe naht das Ende des blauen Planeten.

Sie hat sogar schon eine CD von Xavier Naidoo gekauft. Und Energiesparlampen. Hunderte von Energiesparlampen. Sie muss einen Beitrag leisten. Sie will sich schließlich nichts vorwerfen lassen. *Er*, der achtlose Weltzerstörer, hat heute Nacht das Licht im Flur brennen lassen. Nicht sie!

Die Freund-Feind-Rollen sind wieder klar verteilt. Selbst die Kinder haben ihn beim Frühstück verächtlich einen «scheißblöden Klimaschänder» genannt. Er kann diese grellen

Worte seines vierjährigen Sohnes: «Mach's Licht aus, du Oberarschloch», einfach nicht mehr ertragen. Aber widersprich mal einem unschuldigen Kinde, zumal, wenn es im Recht ist.

Er muss etwas tun. Er kann die Schmach nicht länger auf sich sitzenlassen. Er schmiedet Pläne.

Ein guter Freund von ihm, ein ehemaliger Stasi-Offizier und Hardliner der schlimmsten Sorte, mit exzellenten Verbindungen zum ehemaligen sowjetischen Geheimdienst KGB, könnte einen Kontakt zu einem trunksüchtigen Drei-Sterne-General der russischen Armee herstellen. Dieser durch und durch korrupte Säufer ist Oberaufseher einer geheimen, offiziell als stillgelegt gemeldeten unterirdischen Atomraketenbasis im Kaukasus. Gegen die Lieferung einiger Kisten Wodka Gorbatschow wäre er bereit, einige der veralteten, aber immer noch funktionstüchtigen atombestückten Interkontinentalraketen des Typs SS-12, eines Relikts des Kalten Krieges, zur Verfügung zu stellen.

Mit Hilfe eines ihm persönlich bekannten afghanischen Freiheitskämpfers, der sich auf Computerkriminalität spezialisiert hat, ein knuffeliger kleiner Kerl, den er bei seinem letzten Urlaub im Robinson Club auf Djerba kennengelernt hat, wäre er in der Lage, die Raketen aus der Ferne zu programmieren und zu zünden. Er hat berechnet, wenn er nur drei Raketen auf einen bestimmten Punkt oberhalb der geostatischen Sphäre gleichzeitig zur Explosion brächte, spränge die Erde kurzzeitig aus ihrer Bahn. Sie würde sich aber wieder eintrudeln, was zur Folge hätte, dass die Erdachse sich um exakt 6,365 Grad in polarer Richtung hin verschoben hätte.

Das hieße: Kein Abschmelzen der Polkappen, Knuts Verwandte wären gerettet, der Sonnenstand in unserem Garten wäre dergestalt optimiert, dass es morgens eher warm wird,

mittags die Sonne aber nicht mehr so knallt. Das Hautkrebs-
risiko wäre erheblich minimiert.

Ein toller Plan, den er ihr feierlich bei einen Glas Prosecco
und Kerzenschein im Garten offeriert. Sie schaut ihn selbst für
ihre Verhältnisse erstaunlich herablassend an, nickt und höhnt
sarkastisch: «Klaro, die Erdachse verschieben, das kannste.
Aber im Keller die kaputte Türklinke reparieren, obwohl ich dir
schon seit Wochen davon erzähle, weil sich die Kinder daran
immer die Finger verletzen, das kriegste nicht hin. Und bei der
Waschmaschine das Fusselsieb reinigen, das auch nicht. Sag
mal, wo hast du eigentlich deinen Verstand?»

Sie erhebt sich, schüttet ihm ihren Rest Prosecco über den
Kopf, wirft das Glas in die Büsche und schwebt dem Hause
zu. Sie öffnet die Terrassentür, und beim Hineingehen wirft
sie ihm einen tödlichen Blick zu. Schließlich ruft sie ihm mit
einem Lächeln zu: «Und das mit der Klimakatastrophe, mein
Süßer, das kriegen wir Mädels schon selbst hin. Für so was haben wir Angela Merkel. So, dann schlaf mal schön, mein kleines
Träumerchen. Und mach nicht mehr so lange, du musst morgen früh die Kinder zur Schule bringen …»

Ja, Frauen sind einfach besser. Und sie lassen es uns immer
wieder spüren. Und da gerade die Rede von Angela Merkel
war, diesem brennenden Stachel im Fleische der angeschlage-
nen Männlichkeit, kann ich nicht umhin, mich diesem uns
überstrahlenden Starlet aus der Uckermark mit gebührendem
Respekt zu nähern. Keine Angst, es folgen nicht die sonst üb-
lichen Frisurenwitze über unser aller Bundeskanzlerin.

Die sind obsolet. Unfein. Sexistisch. Und doof.

Nein, ich sage das, was alle sagen: «Ich finde Angela Merkel super.» Wie wir alle! Ich gebe zu, auch ich habe gefehlt und
dereinst unflätige Scherze auf Kosten ihres unvorteilhaften

Gesichts gemacht. So habe ich des Öfteren beifallheischend zum Besten gegeben, ihr, unserer ersten Frau im Staate, sei das Elend dieses Landes ins Gesicht geschrieben. Dafür – und für so vieles andere – bitte ich untertänigst um Verzeihung. Denn ich sehe mit ihr, und mit mir die gesamte Republik, die Dinge seit neuestem mit veränderten Augen.

Heute, durch viele positive Erfahrungen reifer, wage ich es etwas schmeichelnder zu formulieren. Charmant, ganz ihrem Naturell entsprechend, gibt unsereins erfreut zu Protokoll: Ja, wenn man sie auf den Kopf stellt, sieht sie aus, als wenn sie lächelt. Sie ist unsere Mona Lisa – nur andersrum.

Und lassen Sie uns ehrlich miteinander sein: Wir haben sie gewaltig unterschätzt. Nie hätte auch nur einer von uns im Traum daran gedacht, was für eine großartige Regentin sie für uns sein würde. Asche auf unser Haupt. Wir alle müssen uns eingestehen: Sie, die Herzdame aus dem Reichstag, macht einen wirklich tollen Job. Der Laden läuft besser denn je. Und das Tollste ist: Keiner weiß so recht, warum. Die macht ja nichts!

Und das scheint das Geheimrezept zu sein. Männer machen, Frauen lassen machen. Nie war dieses Grundprinzip weiblicher Überlebenstaktik besser in freier Natur zu beobachten als bei dieser Powerfrau. Wann immer es eine goldene Arschkarte zu gewinnen gibt oder es tümpelgroße Fettnäpfchen zu bespringen gilt, sie schickt einen anderen ins Desaster: «Igittigitt, was für ein Dreck! Geh nur voran, lieber Kurt Beck! Das ist mir echt zu ballaballa, wozu hab ich den Pofalla!» ...

Aber dies tut ihrem Erfolg keinen Abbruch. Wer nichts macht, macht keine Fehler – man kennt das ja. Trotzdem wird scheinbar alles besser. Die Probleme in Deutschland lösen sich ganz von alleine. Denn selbst die wollen von ihr nicht angepackt werden.

Ist doch so!

Ein Beispiel: Da beißen sich Generationen von Politikern an so einem drängenden Problem wie der Arbeitslosigkeit die Zähne aus. Und sie, unser fideler Drollemops, löst es mal so eben im Vorbeigehen.

Wie schafft sie das nur? Ich kann nur vermuten, unsere Arbeitslosen, diese bekannt phlegmatischen Jobverweigerer, sind einfach von ihrer mütterlichen Autorität beeindruckt.

Man ist ja mit diesem Phänomen seid frühester Kindheit vertraut. Man kann gutgelaunt die ganze Welt verarschen – wenn aber Mutti ins Spiel kommt, da reicht ein einziger tadelnder Wimpernschlag: Der Rotzlöffel wird ohne jedes Zureden kleinmütig und schuldbewusst, mit gesenktem Haupt und undeutlich gemurmelten Reueschwüren, die geklaute Spielzeugpistole seinem schmächtigen Eigentümer zurückgeben. Wahrscheinlich reagieren unsere schamlosen Arbeitsverächter allein beim Anblick unserer verehrten Bundeskanzlerin intuitiv ähnlich. Sie heben ertappt die Hände und geben einfach unumwunden zu, dass sie wirklich stinkfaul sind. So richtig stinkestinkefaul!

Sogar so faul, dass sie noch nicht einmal ihr, der mütterlichen Kaiserin, unter den Rock blicken würden, aus lauter Angst, dass sie – die sich aber auch echt vor jedweder Arbeit Drückenden – dort eine offene Stelle entdecken könnten. Ich denke, mit ein paar saftigen Ohrfeigen ist auch diesen Kameraden mehr als geholfen …

Und als weiterer Beweis für die Tatsache, das sich dank Angela Merkel viele Schwierigkeiten wie von Zauberhand in nichts auflösen können, dient uns hier jene oben schon erwähnte und uns Männern äußerst kurios erscheinende Klimakatastrophe.

Kurios schon allein ist der Umstand, wie uns der nahende Weltuntergang ins Bewusstsein gedrungen ist. Mit wahnsinnig schönem Wetter! Wir erinnern uns: Im April des Jahres 2007 überraschte uns die diesem Land sonst so abgeneigte Sonne mit ihrer stetigen Präsenz. Es war schweinewarm, und wir fragten uns irritiert: Was ist denn nur los?

Alsbald wurden wir aufgeklärt. Das waren die ersten Anzeichen der auf uns zueilenden Klimaerwärmung. Die Vernichtung allen Lebens stand kurz bevor. Doch, o Wunder, das ansonsten keiner, und sei es noch so grundlos ausgelösten Massenhysterie abgeneigte deutsche Volk geriet nicht in Panik, sondern völlig aus dem Häuschen. Die Sonne! Die Sonne! Wir konnten gar nicht genug bekommen. Die gesamte Republik euphorisiert! Plötzlich war alles eitel Sonnenschein, sogar die beschämende Niederlage bei der Fußballweltmeisterschaft im Vorjahr, diese für uns würdelose Herabsetzung durch die – anschließend zum Staatsfeind erklärten – Italiener. Vergessen!

Von wegen, über Italien lacht die Sonne. Nun waren wir es, die lachten. Sollte Italien doch ruhig überhitzen und versteppen, dachten wir uns. Dann kann der Italiener in Zukunft seine Pizza direkt auf dem Bürgersteig backen. Haha! Soll sich das Land der Weltmeister ruhig in eine Wüste verwandeln. Dann gäbe es dort statt Fußball nur noch Kamelrennen. Und wir hätten einen Gegner weniger.

Nein, die Klimakatastrophe machte uns nicht bange.

Sonnenanbetern gleich, reckten wir uns gen Himmel und riefen die Geister unserer Verstorbenen an. «Sieh herab, du großer Rudi Carrell. Du, der du viel zu früh von uns gegangen bist. Schade, dass du das nicht mehr erleben durftest. Siehe, großer Rudi, deine Gebete sind erhört worden: Jetzt ist es endlich richtig Sommer!»

Was für eine herrliche Zeit! Halbnackte Frauen tanzten verzückt auf den Straßen, unter den wohlgefälligen Blicken stolzer Männer. Erleichtert klopften sie sich gegenseitig auf die Schulter. Die frohe Erkenntnis, dass ihre jahrelange, als sinnlose, umweltverschmutzende Spritverschwendung verunglimpfte Raserei auf den Autobahnen nun ein so glückliches Resultat hervorbrachte, erfüllte sie mit großer Genugtuung.

Die Klimakatastrophe war des Mannes bester Freund.

Aber nach dem Hochmut kommt bekanntlich der Fall.

Und für den sorgte Angela Merkel höchstpersönlich. Unsere allzeit beliebte Bundeskanzlerin stellte sich bei dem in unserem Lande stattfindenden G8-Gipfel vor die versammelte Mannschaft der wichtigsten Regierungschefs der freien Welt und verkündete: «Klimaerwärmung ist doof. So geht das nicht weiter!»

Das genügte.

Und von da an: nur noch Pisswetter.

Noch während ihre Worte unheilschwanger im Raum hingen, verdüsterte sich schlagartig der Himmel. Es begann in Strömen zu regnen. Und – das war das Unheimlichste – es hörte gar nicht wieder auf. Der Sommer 2007, ein regelrechter Altweibersommer! Also inkontinent. Er konnte das Wasser einfach nicht mehr halten.

Die fröhliche Hochstimmung war dahin. Der Mann hockte wieder stumpfsinnig in grauen Behausungen, wagte keinen Schritt vor die Tür. Sogar die Biergärten gingen pleite, weil kein Mann gewillt war, sich der erniedrigenden Tätigkeit des ewigen Trockenlegens von Biergartenstühlen hinzugeben. Feuchte Stühle abwischen, so hieß es, nein danke, da käme man sich ja vor wie im Altenheim.

Ja, dieser verregnete Sommer verwandelte das vormals so

glückliche Sommersonnenparadies in eine matschige Sumpflandschaft, die Charlotte Roche dann folgerichtig zu ihrem Buchtitel *Feuchtgebiete* inspirierte.

Frauen können sogar solche Situationen sinnvoll nutzen.

Und der Mann? Der ist, wie in letzter Zeit des Häufigeren zu beobachten, in Anbetracht seiner neuerlichen Niederlage außer sich vor Wut. Er lamentiert kläglich, aber wie immer auch energisch vor sich hin. Man könnte fast Mitleid mit ihm haben.

Nun, es ist aber auch zum Mäusemelken. Da muss man ihm, dem entwürdigten Ex-Bestimmer, schon ein wenig recht geben. Das ist ja auch alles sehr schwer zu verstehen: Wieso ist denn diese Frau Merkel ausgerechnet gegen die Klimakatastrophe? Das löst bei uns Unverständnis aus, wo doch dieses seltene Naturphänomen eigentlich so gut zu ihr passen würde.

Das Klimakterium der Welt – und Angela Merkel! Was für ein schönes Sinnbild für die Einheit von Mensch und Natur. Sie, die übergroße Mutter der Nation, und unser schöner blauer Planet, beide in den Wechseljahren. Mutter Erde und Mutter Merkel, geplagt von Hitzewallungen und Stimmungsschwankungen. Und, erinnern wir uns: «Wechsel» – mit diesem bedeutungsschwangeren Wort ist unsere Bundesmutti seinerzeit sogar bei jener für uns alle schicksalhaften Bundestagswahl angetreten. Haben wir nicht alle noch die geschönten Wahlplakate vor Augen?

«Deutschland braucht den Wechsel!»

Ja, sie wollte uns mitnehmen, wollte uns teilhaben lassen.

Denn in einer Zeit, in der sich ständig alles ändert, nichts wiederkehrt, selbst die Jahreszeiten ihren Rhythmus verlieren, da ist das «Ausbleiben der Regel» eine großartige und verbindende Überschrift. Sie sollte sich endlich outen!

Und es zugeben: «Ja, ich bin in den Wechseljahren, und das ist auch gut so!» Unser Applaus wäre ihr gewiss.

Und wie lautet folgerichtig das Lebensmotto unserer weisen klimakterischen Frontfrau? Richtig: «Ab jetzt sollen mal die anderen bluten.»

Und, o Wunder: Sie tun es! Denn «die anderen», das sind natürlich – wie nicht anders zu erwarten – vor allen Dingen die fiesen Männer.

Wer von den alten Haudegen der Bundespolitik ist eigentlich überhaupt noch da? Es scheint, als drängten ausschließlich Frauennamen aus der Regierungszentrale in unsere erstaunten Ohren.

Angela, Ursula, Ulla, Heidi, Heidi, Ulla, Ursula, Angela …

Der einzige Männername, den man gelegentlich hört, ist Hermann. Und das ist natürlich die Eva.

Die früher so dominierenden und profilierungssüchtigen Brüllaffen des Berliner Politik-Zoos scheinen ausgerottet zu sein. Stoiber: weg. Schröder: weg. Koch: angeschlagen.

Maskuline Leitfiguren, die den Männern Reibungsflächen bieten? Fehlanzeige. Sollen die sich etwa an Merkel reiben? Da kann ein Mann doch nur verlieren.

Sich an einer Frau zu reiben hieße, sie auch mal unsanft anzufassen. Das macht man nicht. Wer eine Frau angreift, macht sich verdächtig, ein reaktionärer Macho zu sein.

Das hat auch Merkels Vorgänger, unser Hannoveraner Alpha-Tier-Darsteller Gerhard Schröder, am eigenen Leib zu spüren bekommen. Er – gesegnet mit einer Art Niederlagen-Alzheimer, was ihn dazu verleitet, immer noch zu glauben, im Amt zu sein – hat auch erfahren müssen, was es bedeutet, gegen einen weiblichen Gegner den Kürzeren zu ziehen. Besonders, wenn man ihn leichtfertig unterschätzt.

Wir erinnern uns sicher noch lebhaft an seine gruselige Vorstellung, als er am Abend des Wahlsonntags seinen eigenen Untergang besiegelte. Seinen herrlich King-Kong-haften Ausführungen folgend, vermisste man nur noch das berühmte Brusttrommeln. Die Mehrheit der Zuschauer hielt ihn schlicht für besoffen. Was aber so nicht zutrifft, er war einfach nur richtig beleidigt. Beleidigt ob der Tatsache, dass ein verbaler Gladiatorenkampf, in dem er geübt schien, mit seiner Gegnerin nicht zu machen war. Sie ließ ihn einfach verhungern. Basta.

Früher, in guten, alten Männerzeiten, da war die Politik noch ein Schlachtfeld der Ehre. In Polit-Talkshows wurde von richtigen Rhetorik-Machos ein blutiger Kampf um das letzte Wort geführt. Es wurde scharf geschossen, gebolzt, gefault, getreten. Ein regelrechter Krieg um die Meinungshoheit entbrannte. Und böswillige männliche Moderatoren kippten noch ständig Öl ins Feuer, um die Stimmung anzuheizen. Bei alldem gab es nur ein Ziel: Sieg durch Totreden des Gegners. Herrlich!

Ja, damals war Politik noch interessant für Männer. Doch das ist vorbei.

Anne Will, Maybrit Illner, Sandra Maischberger – es sind nur noch Frauen, die wir in diesen staatstragenden Kaffeekränzchen rund um das Thema «Irgendwas Politisches und Deutschland und so» als Moderatorinnen antreffen. Und sie tun etwas, das männlichen Politikern den Angstschweiß auf die Stirn treibt: Sie fragen nach. Und zwar inhaltlich. Eine Unverschämtheit. Da müssen Männer zwangsläufig dämlich aussehen. Das kann man doch nicht machen! Wo bleibt denn da der Sportsgeist?

Aber was will man tun?

Es ist schon erschreckend, aber deutlich ins Auge springend, dass Männer neben Frauen immer irgendwie peinlich aussehen. Schon bemerkt? Stellen wir uns eine Bande ausgelassener Herren vor, wie sie, ganz unter sich, dumme Witze reißend, die Bierpulle im Hals, sackkratzend vor sich hin grölend, einen netten Männerabend verleben. Eine harmonische Szene maskuliner Herzlichkeit. Unverhofft öffnet sich die Tür, und eine Frau betritt den Raum. Die eben noch spürbare Fröhlichkeit erstarrt, und schlagartig erscheinen uns diejenigen, die uns gerade noch so sympathisch waren, wie der letzte Dreck. Einfach ungehobelte Mistkerle! Der Schröder'sche Wahlsonntagseffekt!

Denn so ähnlich hat es sich doch zugetragen, an diesem denkwürdigen Tag, der – genau genommen – das augenfällige Ende des politischen Patriarchats markiert.

Der nüchterne, aber kämpferisch aufgewühlte Titelverteidiger Schröder betritt die Arena. Ganz Gladiator, schwingt er Keule, Schwert und Morgenstern. Sie dagegen, seine Gegnerin, schaut ihn nur mit ihrem ureigenen todtraurigen Hundeblick an. Und schließlich fragt sie, die Unschuld in Person: «Kann ich Ihnen irgendwie behilflich sein?»

Das war zu viel. Schröder brüllte wie ein angeschossener Löwe. Er war besiegt.

Niemals, wirklich niemals, darf man einem Mann, der sichtlich angeschlagen ist, der ganz offensichtlich Hilfe braucht, niemals darf man es wagen, ihm genau diese anzubieten. Das verkraftet er nicht.

Hilfe angeboten zu bekommen ist für einen Mann der Albtraum schlechthin, ein Desaster, eine Beleidigung.

Ja, eine tödliche Bedrohung. Darum sagen Männer auch, wenn sie jemanden brutalstmöglich einschüchtern wollen: «Dir werd ich helfen, Freundchen!»

Aber hat der Angezählte die Gunst der Stunde genutzt und sich grollend aus dem Staub gemacht? Nix da!

Der Untote verharrte verbissen im Rampenlicht und schrieb sogar noch ein Buch mit dem Titel: *Entscheidungen. Mein Leben in der Politik.*

So ähnlich müsste im Grunde ein eigenhändiger Nachruf von Edmund Stoiber klingen: «Entgleisungen. Mein Leben als Transrapid.»

Und das ist auch so eine seltsame Sache: Männer erwarten von ihren Artgenossen endgültige Abgänge. Also: Wenn ein Kerl schon notgedrungen die Flinte ins Korn werfen muss, dann aber bitte mit Schmackes.

Da hat Schröder, das müssen wir hier schonungslos beklagen, hoffnungslos versagt. Und das wider besseren Wissens. Er war es doch, der einmal im Rahmen eines SPD-Parteitages die weisen Worte von sich gab: «Das Bessere ist des Guten Tod!» Sprach es und lebte danach einfach kackfrech weiter.

So geht's ja nicht! Man sollte schon den Mut haben, seinen eigenen Maximen Folge zu leisten. Sicherlich muss man dem «Guten» zugutehalten, dass er leider nicht das dazu passende Hobby hat. Nur mal so ins Blaue philosophiert: Hätte er das richtige Hobby, und ich meine beispielsweise Fallschirmspringen, da hätte er doch … Wäre nicht das erste Mal gewesen.

Ach, ich sehe schon. Die Vorstellung irritiert. Nachvollziehbar. Gut. Ich ziehe diese Idee zurück.

Aber geil wär's schon. Männer mögen so etwas. Die würden sogar recht euphorisch «Mach uns den Möllemann!» skandieren. Aus Respekt, natürlich. Oder so.

Na ja. Lassen wir das lieber. Das führt zu nichts.

Aber bevor wir das Thema wechseln: Eine andere Möglichkeit von ihm wäre natürlich gewesen, rein hypothetisch selbstverständlich, seine liebreizende Frau aufzufordern: «Doris, komm, mach doch mal das Küchenfenster auf. Ich mach den Rex Guildo.»

Das Schöne ist ja, zu Männern darf man garstig sein. Eine Frau beleidigt man einfach nicht. Doch das geht schneller, als man denken kann.

Falls man sich unbedacht dazu hinreißen lässt, einer Frau Merkel Respekt zollen zu wollen, indem man meint, mitfühlend darauf hinzuweisen, dass sie, die unter immensem Verantwortungsdruck stehende Kanzlerin, es auch nicht immer leicht hätte und man in deren Haut auch nicht stecken wolle, so kann man damit rechnen, schief angeguckt zu werden. Wenn dann noch einer der Umstehenden den gestreckten Mittelfinger hochhält und grinsend sagt: «Genau! Nicht mal sooon Stück!», ist das Desaster perfekt.

Zu einem männlichen Politiker «Blöder Affe!» zu sagen gehört zum guten Ton. Eine Angela Merkel dagegen als «Blöde Kuh!» zu titulieren gilt als ausgemachte Schweinerei. Das, so muss man allerdings einräumen, ist keine passende Bezeichnung für unsere Regentin.

«Blöde Kuh!» kann man nicht sagen.

Es ist absolut nicht richtig, sie mit einer Kuh zu vergleichen. Nein, Kuh geht gar nicht.

Sau! Ja, Sau! Das geht! Man muss es nur gut verpacken.

Man muss die ernsthafte Miene eines Nachrichtenkommentators übernehmen und staatstragend verlautbaren: »Angela Merkel – das ist die machtpolitische Trüffelsau der CDU!»

Na! Ist das nicht großartig?

Die machtpolitische Trüffelsau der CDU! Und genau das ist sie: eine Trüffelsau!

Eine Trüffelsau ist ein weibliches Rüsseltier, das im feuchten Waldboden wühlt, um an die schmackhaften Edelpilze zu gelangen. Es sind im Übrigen tatsächlich ausschließlich weibliche Schweine, die in der Lage sind, nach Trüffeln zu schnüffeln. Der Grund, und das ist interessant: Trüffel riechen nach männlichen Sexualhormonen. Dieser Geruch, der Duft des wilden, ungebändigten Ebers, versetzt die Trüffelsau in einen hemmungslosen Fressrausch. Und da sind wir auch wieder bei unserer CDU-Vorsitzenden!

Denn:

Auch Angela verschlingt
alles, was nach Männern stinkt.
Ob Schröder, Koch,
ob Merz, ob Meyer,
Angela beißt allen in die Eier.
Gute Frau!

6.

MÄNNER

MUSS MAN

QUÄLEN!

*M*änner sind gefühllose Eisklötze.

Jede Form von Emotion ist ihnen zuwider.

Sie sind lieblos und innerlich erstarrt.

Stets muss die liebenswerte, aber verunsicherte Frau darum betteln, einen Beweis seiner Liebe zu erhalten. Dauernd muss sie ihn nötigen und dazu zwingen, ihr sein Herz zu öffnen.

«Sag, dass du mich liebst. Wenn es sein muss, lüge mich an!», fleht sie, woraufhin er gelangweilt erklärt: «Ich liebe dich.» Entnervt erkennt sie jedoch: «Du lügst!»

Er versteht ihr Ansinnen nicht, versteht nicht, warum sie diese ewigen Beteuerungen einklagt. Denn schließlich, so denkt er in seiner männlichen Logik, ist er noch da. Was seiner Meinung nach ein ausreichender Beleg für seine Liebe ist.

Ein Mann hält sich schon für treu, wenn er beim Sex mit einer Fremden an seine Frau denkt. So kennen wir sie, die gemütsarmen Strolche. Von wahrer Liebe haben die keine Ahnung. Die Frau ist liebestechnisch viel erfahrener. Schließlich ist die Liebe als solches eine Erfindung der Frau.

Ohne die Frauen gäbe es dieses wunderbar rätselhafte Gefühl nicht. Liebe ist nur eine Weiterentwicklung des mütterlichen Brutpflegetriebs. Ist doch klar! Damit sich eine starke Bindung zum hilflosen Babyleinchen entwickelt, ist es ratsam, dass sich Mama hoffnungslos in ihren Nachwuchs verknallt. Und je hilfloser das Wesen ist, umso inniger die Liebe.

Und was ist schon hilfloser als ein menschlicher Säugling? Dieses bettlägerige, harninkontinente Dummerchen. Menschen kommen eben als Pflegefall zur Welt. Aber Dank ihrer unsterblichen Liebe erträgt Mami klaglos alle Unannehmlichkeiten, die der kleine Kacker ihr bereitet. Jeder andere, der es wagen sollte, einen anständigen Menschen jede Nacht des Schlafes zu berauben, ihm ins Gesicht zu pinkeln, auf die frischgewaschene Bluse zu kotzen, die Brustwarzen blutig zu beißen, sich dauernd rumschleppen zu lassen – und damit einen schweren Schulter- und Rückenschaden zu verantworten hätte –, den würde man wegen Verletzung der Menschenwürde vor internationale Gerichte stellen. Aber die Liebe kittet dieses Verhältnis aufs allerangenehmste.

Wer liebt, lässt sich gern quälen. Wer wahrhaft liebt, ist in seinem Verhalten einem Junkie ähnlich, der sich einem Dealer bedingungslos unterwirft. Nur, um an die flehentlich begehrte Droge zu gelangen. Liebe ist Macht, denn Liebe macht süchtig.

Die mütterliche Frau erliegt dem Sehnsucht erzeugenden Charme des bekannten Kindchenschemas. Kleines Wesen, große Augen, glatte Stirn, voller Schmollmund und winziges Näschen. Da kann sie gar nicht mehr anders, sie zerfließt vor Liebesglück. Sie ist ganz verrückt nach ihrem Sprössling. Sie überhöht den Drollemops bis ins Göttliche, er ist das Süßeste, was sie je gesehen hat. Sie himmelt ihn an – und würde ihr Leben für den kleinen Terroristen geben. Sie wird alles tun, um dem kleinen Engerling genug zum Futtern aufzutreiben. Alles daransetzen, dass dem niedlichen Tollpatsch kein Unbill widerfährt. Wer ihrem Mini-Lover gefährlich werden könnte, muss sein irdisches Dasein in Gefahr sehen.

Der Mutterinstinkt ist also zweierlei: zum Kinde hin eine zärtliche fürsorgliche Liebe und nach außen getragen eine unfassbare Aggression. Bei Bären kann man das schön beobachten. Bären sind Einzelgänger, und Mama Bär ist alleinerziehend. Den Papa Bär gibt es gar nicht! Er, der allem Männlichen gegenüber feindlich gesinnt ist, würde seine eigenen Söhne als Rivalen erkennen – und ihnen schlicht den Garaus machen. So sind sie halt, die blöden Kerle, diese überflüssigen Deppen. In kürzester Zeit würden sie sich selbst ausrotten.

Also verlebt die schlaue Bärin ein paar nette Flitterwochen mit ihrem Teddybärchen. Sobald sie jedoch schwanger ist, jagt sie den trotteligen Kraftprotz in die Wüste. Sehr klug.

Anschließend legt sie sich in eine Höhle zum Winterschlaf danieder, gebiert zwischendrin ihre bärige Brut, und im Frühling verlässt sie mit ihrer tapsigen Bande die wohlige Behausung, um ihnen die Erforschung der Welt zu ermöglichen. Die possierlichen Bärchen sind allerdings stets vielerlei Bedrohungen der feindlichen Umwelt ausgesetzt. Und was gefährlich ist, definiert natürlich Mama Bär. Und da denkt sie nicht allzu lange nach. Alles, was größer ist als ein Häschen, könnte theoretisch ein potenzieller Babybärchenfresser sein. Man sollte also eine babysittende Bärin nicht unterschätzen.

Sie ist einerseits eine liebevolle Mutter, andererseits eine ausgesprochene Gefahr. Für andere. Wer in ihre Nähe kommt, sollte sich auf etwas gefasst machen. Mama Bär kann sehr böse werden. Selbst ein ausgewachsenes Grizzly-Bärenmännchen kann einer Bärin in Sachen Tödlichkeit nicht im Ansatz das Wasser reichen. Er greift immer nur etwas an, von dem er annimmt, dass er es fressen kann oder dass es ihm persönlich gefährlich werden könnte. Der oftzitierte Rat, sich bei Annäherung eines Bären flach auf den Boden zu legen, hilft bei einer kinderhütenden Bärin dagegen nicht wirklich. Mama haut alles kurz und klein.

Wir Menschen haben das eine beträchtliche Zeit lang etwas anders gehandhabt. In Ermangelung von Kraft und Krallen hat die Frau eine strikte Arbeitsteilung vorgeschlagen: Ich hüten, du hauen!

Die Frau ist für das warme und liebevolle Pflegen der Nachzucht verantwortlich, während der Mann die Rolle des brutalen Fieslings übernommen hat. Seine rohes und rücksichtsloses Gehabe ist seine spezielle Art, die ihm eigenen Mutterinstinkte auszuleben.

Man wird mir jetzt natürlich den Vogel zeigen, von wegen, der Mann hätte Mutterinstinkte. Aber er hat sie. So, wie der Mann grundsätzlich nur eine Mutation des Weibes, quasi eine Unterart der Frauen, darstellt. Er besitzt nämlich alles, was eine Frau auch hat, nur in veränderter Form. So ist aus der Klitoris der Frau der stolze Bestechungsapparat der männlichen Herrlichkeit entstanden. Na ja, zumindest haben sie gemeinsame Vorläufer. Aber egal.

Jedenfalls ist der Mann mit weiblichen Urtrieben ausgestattet, wenn auch sehr verkümmert. Es gibt eben nur einen Trieb, der einen Menschen dazu veranlasst, sich automatisch um einen anderen zu kümmern. Das ist eben der Muttertrieb.

Da müssen nun bei ihm einzig die Schlüsselreize ein wenig eintrainiert werden, schon wird aus dem Kerlchen ein Mütterchen. Aber die Anreize müssen schon sehr deutlich sein, sonst erkennt der Doofkopf das Kindchenschema nicht – und reagiert wie immer: Den Stärkeren empfindet er als Bedrohung und greift ihn an. Den Schwächeren verachtet er als Loser und verweist ihn auf eine niedere Stufe der Hierarchie.

Der Mann ist im Grunde asozial. Kann er denn gar nicht freundlich sein? Doch, er kann. Man muss nur, wie gesagt, stark genug an seine retardierten Mutterinstinkte appellieren.

Die Frau der Urzeit hat beobachtet, dass er, der vermeintliche Grobian, mit kleinen Kindern sehr behutsam sein kann. Dass er die kleinen Schelme rührig herzt, sie «Sonnenschein» und «Mauseschatz» nennt und sie mit auserlesenen und sorgfältig zerkauten Zutaten befüttert. Wie seinerzeit üblich: von Mund zu Mund.

Sie ist neidisch. Zu ihr ist er immer recht grob und will eigentlich sowieso immer nur das eine: wilden, hemmungslosen und bestialischen Sex. Danach schubst er sie wortlos beiseite und geht wieder auf und davon, um sich mit seinen Kumpels zu raufen.

Sie hat genug. Sie wird aktiv. Damit sie, die von ihm so schändlich behandelte Frau, erreicht, dass er sie ebenfalls liebevoll umsorgt und alle Feinde in die Flucht schlägt, benutzt die schlaue Dame einen kleinen Trick: Sie imitiert das Kind.

Sie erweicht sein Herz, indem sie sich äußerlich mit einer Kopie des Kindchenschemas maskiert. Sie macht sich kleiner als er – und schaut ihn unschuldig aus großen Augen an, die sie mit Lidschatten noch künstlich vergrößert hat. Die Dame senkt ein wenig den Kopf, damit er besser ihre glatte, runde Stirn sehen kann, die mit Hilfe von Botox noch fältchenärmer erscheint. Sie spitzt ihren Fütterungsbereitschaft signalisierenden Schmollmund, den sie mit einem sattpigmentierten Lippenstift gekonnt in Szene gesetzt hat. Und das chirurgisch verkleinerte Stupsnäschen verfehlt auch nicht seine Wirkung.

Damit er sie aber nicht für ein Kind hält und am Ende noch windelt und ins Kinderbettchen steckt, verstärkt sie auch ihre sekundären Geschlechtsmerkmale. Diese lassen sie eindeutig als begehrenswerte paarungsfähige Frau erscheinen. Sie vergrößert ihre Brüste vermittels eines Eingriffs. Normalerweise lockt sie ihn mit ihrem prächtigen Hintern, aber man geht neuerdings aufrecht, und so steht man sich auf Cocktailpartys senkrecht zueinandergewandt gegenüber. Die neuen, weichen und prallrunden Signalkörper sind den Wölbungen ihres Hinterteils erstaunlich ähnlich, was sie sehr erfreut.

Auf diese Weise – zugegebenermaßen etwas übertrieben – ausstaffiert, nähert sie sich, die Wegbereiterin einer Verona Pooth, nervös ihrem Männchen. Wird es funktionieren? Wird er die visuellen Reize wahrnehmen? Vom Gesicht her die befriedenden Appelle des Kindchenschemas, knapp darunter die aufreizenden Hinweise, die ein lustvolles Abenteuer verheißen. Wird also diese widersprüchliche Präsentation Erfolg haben? Die erwartete Wirkung zeigen?

Sie spürt, dass er sie entdeckt hat. Er stürmt auf sie zu, sichtlich aufgeregt, seinen Blick fasziniert auf ihre innovativen Ausstülpungen geheftet. Die Mundwinkel, aus denen ein dünner Faden Sabber rinnt, sind zu einen blöden Grinsen verzogen. Er hechelt vor sich hin, sie völlig ignorierend: «Ey, was sind das für geile Teile, boa, super!»

Und ohne groß weiter nachzudenken, grapscht er ihr grob an die empfindlichen Neuerwerbungen. Sie reagiert unerwartet heftig. Kräftig scheuert sie ihm eine. Das hat sie noch nie gewagt! Wutentbrannt, schon ausholend, um sie schlagkräftig zu bestrafen, blickt er ihr in die Augen – und erstarrt. Irritiert kratzt er sich am Kopf, und sein Mutterinstinkt fragt tadelnd nach, ob es denn wohl sein könne, dass er gerade die üble Absicht hatte, ein kleines und hilfloses Kind zu schlagen. Er solle sich schämen! Und er tut es.

Im selben Moment schnauzt ihn aber sein Sexzentrum an und fragt, wo denn eigentlich die geile Braut mit den aufregend arschähnlichen Beulen hin wäre? Die sei doch gerade noch da gewesen!

Der Verwirrte lässt seinen Blick nur ein klein wenig sinken – und entdeckt die wohlgeformten Lustobjekte erneut. Da sind sie ja wieder! Aber gleichzeitig sieht er deutlich aus dem Augenwinkel, dieses Kind ist ebenfalls noch anwesend. Er stutzt. Die Kinnlade hängt ihm herunter.

Sie wickelt eine Haarlocke um den Zeigefinger, umspielt damit ihr Ohr, klimpert mit den Augenlidern, spitzt das Schnütchen, wiegt die Schultern leicht hin und her, wie kleine, naive Mädchen es eben so machen, um ihren Vater dazu zu bewegen, ihr, der süßen Maus, ein Eis zu kaufen. Durch die Bewegungen geraten allerdings auch die weichen Wunder in sanfte Schwingung. Er, jetzt endgültig verdattert, stottert nur: «Ähm … sag mal … ähh, bist du öfter hier?»

Sie hatte es geschafft! Er sprach sogar mit ihr! Sie hatte ihn endlich da, wo sie ihn haben wollte. Er war gut zu ihr, er verteidigte sie.

Ein anderer Typ, der beim Vorbeigehen wie zufällig ihre Brüste berührte, fand sich kurz danach auf der Intensivstation des Waldkrankenhauses wieder. Selbst ein Arbeitskollege von ihr, der sie nur dezent darauf hinwies, dass sie doch morgen früh zur Abwechslung mal pünktlich sein solle, wurde von ihrem Verehrer in eine der vor der Pferdemetzgerei stehenden Mülltonnen gebeten.

Und so begannen sie sich zu lieben. Ganz romantisch!

Sie wurde wie ein Kind von ihm verhätschelt, und sie fühlte sich in seinem Arm so geborgen wie vor langer Zeit bei Muttern. Er versuchte sogar, ganz seinen Instinkten folgend, sie mit dem Mund zu füttern. Dies allerdings behagte ihr nicht so, da sie keineswegs auf kiefernzermalmte Schweinskeule stand.

Als sie zum wiederholten Male, angewidert ob der antivegetarischen Zwangsernährung, den Fleischbrei verächtlich zu

Boden spie, wusste er sich nicht anders zu helfen: Er vollzog den triebgeschuldeten Reflex der Mundfütterung ohne Futter. Er kompensierte die fehlende Speise einfach dadurch, dass er, ganz zaghaft und einfühlend tastend, mit seiner Zunge ihr dentales Reich beglückte. Sie, verzückt ob der kalorienarmen Fütterung, erwiderte ihrerseits die oralen Streicheleinheiten mit leidenschaftlicher Inbrunst. So entstand das, was später als «Kuss» in die romantische Geschichte eingegangen ist.

Selbst der Beischlaf erfuhr eine glückliche Wendung. Statt der nervtötenden, hektischen und aggressiven Herumrammelei von hinten entstand, dank der von ihr erfundenen Missionarsstellung, ein ganz neues Gefühl von Erotik. Da er gezwungen war, ihr während des Liebesaktes ins Gesicht zu sehen, wurde er seltsam zögerlicher, behutsamer, aber ausdauernder. Sein Unterleib, ganz Unterleib.

Sein Blick ruhte auf ihrem Antlitz, während er seiner begehrten Tätigkeit zuverlässig nachkam. Und in seinem Schädel sprach eine vertraute Stimme bekannte kinderfreundliche Empfehlungen aus, sodass er sie im Liebesspiel mit einer für ihn ungewohnten Nettigkeit bedachte. Da ihm von Angesicht zu Angesicht die üblich ausgestoßenen Flüche nicht so recht über die Lippen kommen wollten, lächelte er sie verlegen an, wie jemand, der sich ertappt fühlt. Und einer plötzlichen Eingebung folgend, nannte er sie: «Mein Sonnenschein! O mein Mauseschatz ...»

Er *musste* lächeln! Denn seit jenen Tagen war der Mann dazu verpflichtet, zu einer Frau freundlich zu sein.

Die innere Ambivalenz zu dieser, durch Manipulation erzwungenen Frauenfreundlichkeit hat der Mann bis heute nicht abgelegt. Er hält das Lächeln nämlich nicht allzu lange durch.

Die Frauen kennen das nur zu gut.

Wieder und wieder sind sie entsetzt über die Mogelpackung namens Mann, der sie sich in dem falschen Glauben hingaben, endlich einmal einen «richtig netten Kerl» geangelt zu haben. Immer müssen sie nach einer gewissen Zeit feststellen, dass der Mann, den sie da an ihrer Seite erdulden, früher einmal ganz anders war. Der Mann, in den sie sich damals verliebten, so fragen sie sich, wo, bitte, ist der hin?

Der frischverliebte Mann ist so herrlich zutraulich!

Am Anfang der amourösen Liaison war er doch so süüüüß!

So drollig, so aufmerksam, so humorvoll, so verständnisvoll! Ein Prachtkerl!

Der frischverliebte Mann ist in Gedanken selbstverständlich ständig bei ihr, wie es sich gehört. Ständig schreibt er Liebesbriefe, in denen er poetisch erklärt: «Ich liebe dich so heiß wie der Bock die Geiß!» Bis zu dreißigmal am Tag ruft er seine Angebetete an, nur, um ihr mitzuteilen, wie sehr er sie liebe, dass er oft an sie denke und dass ihm vor lauter An-sie-Denken schon das Handgelenk wehtäte, er aber trotzdem immer wieder an sie dächte – trotz Reibungsverlusten.

Ja, unser Loverboy ist richtiggehend mitteilsam. Das macht ihn so unwiderstehlich.

Sie kann mit ihm reden. Ja, reden! Über alle wichtigen Dinge des Lebens, die Mysterien des Seins. Und er hat von sich aus erzählt, dass er ein Widder sei, sein Aszendent Löwe. Er wäre halt willensstark und dass er seine Krisen niemals durchgestanden hätte ohne diese himmlische Kraft.

Er hätte so tiefe Einschnitte erfahren, dass er von Glück reden könne, überhaupt so entspannt bei ihr sein zu dürfen. Aber vielleicht hätte ihn das Schicksal nur deshalb am Leben gehalten, damit sie sich finden konnten …

Er redet und redet und redet und redet.

Sogar den Fernseher dreht er leiser, um besser mit ihr schwatzen zu können. So tritt er in ihr Leben, der frischverliebte Gockel. Die Frau denkt allen Ernstes, sie hätte eine Schwester im Geiste gefunden.

Und was passiert dann? Was geschieht mit der hoffnungsvollen Liebe? Spätestens ein halbes Jahr später klappt der vorgetäuschte Supermann zusammen, hockt wieder vor seiner Höhle und grunzt. Das ganze Liebesspektakel war nur eine Art biologisches Verarschungsprogramm.

Die Frau ist völlig enttäuscht. Zu Recht!

Das kann der blöde Hund doch nicht mit ihr machen!

Nicht mit ihr, der grundehrlichen Liebesgöttin!

Ein Mann muss eine Frau glücklich machen, sonst braucht sie keinen. Und es ist doch so leicht, eine Frau zu beglücken. Wenn der Mann es nur begreifen würde.

Es handelt sich doch nur um Kleinigkeiten. Kleine Geschenke zum Beispiel. Kleine Goldringe. Kleine Autos. Kleine Häuser.

Das war jetzt etwas übertrieben, ich gebe es zu! Das kleine Häuschen gibt's natürlich erst später – nach der Scheidung.

Frauen lieben Geschenke! Wenn du ihnen zurufst: «Wollt ihr Geschenke!?», dann brüllen sie aus vollem Hals: «JAA-AAAAAAAAAAAAAA! Männlein rüttel dich und schüttel dich – wirf Gold und Silber über mich!»

Und wenn man als Mann von ihnen wissen will: « Habt ihr das denn auch verdient?», werden sie noch lauter und schmettern dir im Brustton ihrer Überzeugung entgegen: «JAAAAAA-AAAAAAAAAAAAAA! NATÜRLICH!»

Und wenn du schließlich noch fragst: «Warum?», wird es mit einem Mal sehr still: « Öhm ...???»

Irgendeine von den Damen gibt irgendwann trotzig zu Gehör: «Weil wir Frauen sind!»

Richtig! Das genügt nämlich schon als Antwort.

Männer stehen der grundlosen Schenkerei eher skeptisch gegenüber: Sie wollen belohnt werden, nicht beschenkt!

Das Fest der Liebe entwickelt sich für jeden Mann zum Terror. Der 24. Dezember ist eines jeden Mannes 11. September: ein Desaster. Er verdrängt die dumme Materialschlacht so lange es geht, um dann pünktlich am 23. Dezember in Panik zu geraten.

Riesige Rudel verzweifelter Männer bevölkern an diesem Tag die Fußgängerzonen und Einkaufspassagen. Auch ihn, unseren Mann, hat die brutale Erkenntnis getroffen: «Stimmt ja! Morgen ist Weihnachten! Hab ich ganz vergessen!»

Und jetzt steht er mit angstgeweiteten Augen und mit von Stressflecken gerötetem Gesicht auf dem völlig überfüllten Marktplatz seiner Kleinstadt. Er kennt nur einen Marschbefehl: «EIN GESCHÄÄÄÄNK!»

Sie hat ihre Gabe für ihn natürlich schon im Juli gekauft. Und ihm gegenüber geheimniskrämerische Andeutungen gemacht: Dass sie es schon allen ihren Freundinnen vorgeführt hätte. Und dass es ihn mit Sicherheit umhauen würde. Und dass er ganz bestimmt nie im Leben darauf kommen würde, was sie, die Stellvertreterin des Christkinds auf Erden, für ein tolles Geschenk für ihn hat. Ihre Freundinnen, so seine Frau, waren jedenfalls allesamt ganz hingerissen und meinten, er, der Mann seiner Frau, könne echt stolz sein, eine so liebevolle und kreative Frau zu haben.

Er ist mit den Nerven völlig am Ende. Er spürt, wie sich der Boden unter seinen Füßen dreht. Denn er weiß es. Er weiß es nur zu genau. Er weiß, wenn er von seiner Frau etwas erhält, das besser ist als das, was er ihr schenkt, dann ist er verloren. Dann hat er verloren. Diese Schmach könnte er nicht ertragen. Er würde als gebrochener Mann unter dem Weihnachtsbaum sitzen, unfähig, ihr auch nur in die Augen zu blicken. Das Schlimmste ist: Er hat überhaupt keine Ahnung, was sie, die einfallsreiche Beschenkerin, gebrauchen könnte!

In Gedanken geht er alle Einkaufsbummel durch, die er mit ihr im letzten halben Jahr unternommen hat. Ist sie vielleicht vor irgendeinem Schaufenster länger stehen geblieben als gewöhnlich? Hat sie, den Finger erhebend, weil eine kleine Kostbarkeit entdeckend, zu ihm herübergestrahlt und gesagt: «Das ist aber schön, Schatzi! Guck mal!»

Er zermartert sich das Hirn, aber es will ihm nichts einfallen. Nichts. Nichts. Nichts. Er schlägt seinen Kopf rhythmisch gegen eine Schaufensterscheibe. Immer wieder. Immer fester. Bis die Alarmanlage ertönt und der Eigentümer des Geschäfts auf die Straße springt, ihn anbrüllt und mit der Polizei droht. Ja, denkt er sich, das käme ihm gerade recht: Heiligabend in einer Knastzelle. Er hätte es verdient. Aber er beruhigt den Ladenbesitzer.

Er flüchtet schließlich in eines dieser seltsamen Auktionshäuser, die allen möglichen glitzernden Ramsch vertickern. Es ist ihm egal, was er ersteht, Hauptsache teuer. Er ersteigert ein Set goldener Lockenwickler und einen herrlich traurig dreinblickenden lebensgroßen bronzenen Cockerspaniel, der sich gerade an den Eiern leckt.

Na, da wird sie aber Augen machen …

Frauen freuen sich immer. Geschenk ist Geschenk.

Männer freuen sich nie. Sie heucheln dieses Glück nur vor: «O Schatz, ein Duschgel! Das habe ich mir schon immer gewünscht.»

Die Frauen merken in der Regel nicht, dass wir ihnen unsere Freude nur vorspielen. Sie wollen es auch gar nicht merken. Da soll mal einer sagen, Männer könnten keinen Orgasmus vortäuschen. Sie können! Geschenke sind also für einen Mann dasselbe wie schlechter Sex für eine Frau. «Ich brauch das zwar alles nicht, aber wenn es dem anderen gefällt ... Bitte, ich bin ja gar nicht so.»

Für Frauen ist selbst Sprache ein Geschenk. Sie können nicht genug davon bekommen und finden, es sei großartig von ihnen, den Mann damit zu überhäufen. Da wird er sich freuen, denkt sie, und fühlt sich brüskiert, wie grob er ihr Geschenk von sich weist.

Die Guten sind immer entsetzt darüber, dass er schweigend und brummend die Wohnung betritt, ihnen ausweicht und sich sofort zurückzieht. Kann er denn nicht wenigstens vernünftig «Hallo» sagen? Er könnte schon, aber er hat Angst. Er weiß, wenn er das Gespräch nur mit einem simplen «Hallo, mein Schatz, und wie war dein Tag?» eröffnet, was sie daraufhin zurückfeuern wird: «Gutdassdumichfragstdaswarjawiedereintagunddiekinder ...»

Ohne Luft zu holen, wird sie ihm den ganzen Tag in allen Details im Zeitraffer-Verfahren präsentieren. Sie meint es gut, denn für sie ist der Wortschwall eben ein Präsent.

Für ihn ist die Sprache aber vor allen Dingen eines: eine Waffe.

Er verwendet seine Worte im Allgemeinen dazu, um sich durchzusetzen. Nur der Chef hat «das Sagen». Nur der Kapitän hat das Recht, dauernd zu sprechen. Die Dauerrede unterdrückt die Meinung der anderen. So versuchen Männer, was man in Talkshows gut beobachten kann, sich stets gegenseitig das Wort abzuschneiden. Egal, wie, Inhalt ist nebensächlich.

Es geht allein darum, möglichst lange Redezeit zu haben. So quälen Diktatoren gewöhnlich mit stundenlangen Erörterungen ihre Parteimitglieder. Fidel Castro schaffte es bis zu sieben Stunden lang.

Mit Männern redet auch keiner freundlich. Der Mann weiß: Wer mich anspricht, der will was von mir. Es gibt ihn nicht, den Männercharmeur. Nur den Frauen wird ständig Honig ums Maul geschmiert. Ganze Heerscharen von Frauenflüsterern sind im Einsatz, um die Damen mit schmierigen Galanterien zu behelligen: «Oh, meine hinreißenden Damen, hab ich Ihnen schon gesagt, wie phantastisch Sie heute wieder aussehen … »

Die Sendeanstalten quellen über von solchen Schmeicheleien. Klar! Die Frauen sind Hauptzielgruppe in nahezu allen Bereichen des öffentlichen Lebens. Werbung richtet sich fast ausschließlich an weibliche Käufer. Denn nur die erwerben bekanntlich den ganzen Krempel, der hierzulande angeboten wird. 90 Prozent aller Kaufentscheidungen werden von Frauen getroffen. Damit ist abzusehen, wer in einem Einkaufparadies wirklich wichtig ist. Ob Musikmarkt, Buchmarkt oder Lebensmittelmarkt – Frauen sind die Entscheider. Der Kunde ist Königin. Und deshalb ist man gefälligst freundlich zu den kauffreudigen Damen.

Und die genießen dieses ewige Angesprochenwerden zutiefst.

Der Mann dagegen reagiert auf jedwede Anrede mit innerer Anspannung: Wer will jetzt schon wieder was von mir? Was hab ich nun schon wieder falsch gemacht?

Der Mann hat sowieso ein Redeproblem, da er nicht, wie etwa eine Frau, über Hirnregionen verfügt, die auf Sprache spezialisiert sind. Wenn ein Mann etwas sagen will, muss er beide Hirnhälften – die rechte wie die linke – gleichzeitig aktivieren, um überhaupt ein Wort herauszubringen. Und das kann dauern. Deswegen stottern auch nur Männer.

Wenn die Kiste da oben aber mal läuft, kann er zum unaufhaltbaren Dauerschwätzer werden. Dann redet er ohne Punkt und Komma, steht, wie in meinem Fall, den ganzen Abend auf der Bühne und labert die Leute zu. Hauptsache, es unterbricht ihn keiner.

Frauen dagegen besitzen im Gehirn fünf Sprachzentren. Denen kann man das halbe Hirn wegpusten, die Damen können immer noch weitersabbeln.

Frauen sind wahre Meister der Konversation. Das heißt: Für die Frau hat das Reden einen Wert an sich, unabhängig vom Inhalt. Für sie hat Sprache eher die Funktion eine Echolots. Sie wollen wissen, wo sie sind, und deshalb reden sie. Getreu dem Motto: «Ich rede, also bin ich da.» Ähnlich den Fledermäusen, die Schallwellen aussenden, um sich an ihren Reflexionen, dem sogenannten Echo, in der Umwelt zurechtzufinden. Das sagt uns: Wenn der Mann einer Frau nicht antwortet, fliegt sie gegen den Baum.

Also gehört es zu den edlen Pflichten eines Mannes, mit ihr, dem orientierungslosen Flattermäuschen, zu plauschen, damit sie sich nicht in die Dunkelheit des Schweigens verliert.

Also: Schnauze auf, sonst gibt's was rein!

*M*änner lieben schwachsinnige Kriegsspiele, in denen kräftig herumgeballert und der böse Gegner fertiggemacht wird. Plattmachen. Ausschalten. Besiegen.

Fußball ist die Weiterführung des Krieges mit anderen Mitteln. Wer glaubt, Fußball wäre nur ein harmloses Spielchen, der täuscht sich gewaltig. Was ist denn ein Spiel? Eine Übung, eine Simulation, ein Manöver. Im Spiel wird der Ernstfall «spielerisch» erprobt, für den echten Einsatz trainiert.

Das Schlimme an solchen Kampfspielen ist ihre kriegerische Logik. Wer meint, das Leben sei ein Fußballspiel, findet sich folgerichtig im Hindukusch wieder. Ballern kommt von Ball. Man sagt ja auch nicht von ungefähr: Sportskanone. Sport ist Mord.

Aber des Mannes Kriegsbegeisterung scheint unausrottbar, unzerstörbar. Doch weit gefehlt! Es gibt allerdings nur eine einzige Taktik, die in der Lage ist, den Möchtegern-Feldherren ihre fußballerische Mörderlaune zu verderben: die weibliche!

Deutschland Anno Domini 2006. Das große Jahr der Fußballweltmeisterschaft. Die Stimmung ist großartig.

Der deutsche Mann sah seine große Stunde gekommen. Sein Spiel, sein letztes Refugium, der letzte Strohhalm, an den sich die angekratzte Männlichkeit klammerte – im Zentrum der Aufmerksamkeit. Seine geliebte Fußballarena im Rampenlicht der Weltöffentlichkeit.

Dass die deutschen Frauen längst Fußballweltmeister waren, hat sein Bewusstsein zwar am Rande registriert. Aber gezieltes Ignorieren und bockiges Runterspielen haben das Schlimmste verhindert. Frauenfußball spielt in Deutschland gottlob keine Rolle.

So konnte er, der gute Mann, fahnenschwingend und bestens gelaunt, einen großen Kindergeburtstag feiern.

Es saß auf dem Glücksstühlchen und strahlte über beide Backen. Was für ein Fest. Dass es eigentlich für einen Gastgeber ungehörig ist, zum Spieleabend zu laden und schon in der Eingangstür zu rufen: «Gewinnen tu aber ich!», fiel in der ausgelassenen Stimmung niemandem unangenehm auf. Wir wollten gewinnen. Nein, wir mussten einfach gewinnen. Gewinnen! Gewinnen! Gewinnen!

Und wir hätten es fast geschafft. Unsere Nationalelf hat gut gespielt. Alles wäre super gewesen, selbst die Niederlage gegen Italien verkraftbar. Aber eines hatte uns Angst gemacht. Eine solche Angst, dass wir uns manchmal gewünscht haben, unsere Mannschaft hätte besser kein Tor mehr geschossen.

Denn: Was geschah bei jedem deutschen Treffer?

Was war zu sehen? Oder besser: Wer war zu sehen? Wer war bei jedem Torschuss der Deutschen sofort im Bild?

Jawoll, Angela Merkel. Und wie die sich freute!

Aber das war genau das Problem. Das Wie. Es sah einfach nicht schön aus. Dieses erbärmliche Hochreißen der angewinkelten Ärmchen, dieses kraftlose Ballen der Fäustchen. Entsetzlich! Sie kam einem vor wie ein Rumpelstilzchen, das auf der Ehrentribüne hüpfte und tanzte: «Ach, wie gut, dass niemand weiß, wie ich auf den Fußball scheiß!»

Ihr Anblick war der reinste Horror. Und das im wahrsten Sinn des Wortes: So, wie sie da in der Loge herumhopste, so sahen doch früher die Erschrecker in der Geisterbahn aus.

Aber genau das ist ihre große Stärke.

Mit ihr könnte man die ganze Welt erschrecken.

Sollte die globale Erdengemeinschaft es wagen, uns Deutschen nicht den gebührenden Respekt zu zollen, könnten wir mit einem Angela-Einsatzkommando unter dem Decknamen «Aktion Freudentanz» die Welt das Fürchten lehren. Sollen die anderen ruhig wieder Angst vor uns haben. Merkel vor Augen, würden sie zusammenzucken und kläglich maulen: «Guckt mal, die Deutschen haben biologische Waffen! Hilfe!»

Wenn wir allerdings nur wollten, dass die Welt uns als Nation verachtet, müssten wir nur dafür sorgen, dass sie mal so tut, als möge sie uns. Dann wird die Stimmung uns gegenüber auf den Nullpunkt sinken. Klingt paradox, ist aber logisch. Das geht uns doch genauso. Warum ist Angela Merkel denn so beliebt in Deutschland? Weil wir das erleichternde Gefühl haben, dass sie uns nicht leiden kann. Wir wollen keine Kumpelkanzlerin. Die soll uns in Ruhe lassen, dann lassen wir sie auch in Ruhe. Schwiegermuttersyndrom! Die liebsten Schwiegermütter sind uns doch jene, die weit weg wohnen und sich nicht ständig in unser Leben einmischen.

Die eigene Mama kann schon nervig genug sein. Man kennt das aus seiner Jugendzeit. Man will mit seinen Leuten in Ruhe eine kleine Hausparty schmeißen, und Mutti meint, sie müsse unbedingt mitfeiern. Sie gibt den Entertainer, quatscht alle laut lachend voll, findet sich unheimlich jugendlich, tischt gönnerhaft einen Käseigel auf und holt irgendwann die Fotoalben hervor, um allen Anwesenden lustige Urlaubsfotos vom «ach so süßen Kleinen» zu zeigen. Man, das geht gar nicht!

Die gute Mutter würde sagen: «So, ich bin dann mal weg. Der Kühlschrank ist voller Bier, die Pizzen sind im Tiefkühlschrank, und lasst dem Papa noch was von dem Schnaps übrig. Ich schlaf bei einer Freundin und bin erst morgen Nachmittag wieder da. Bis dahin habt ihr sicher alle Kotzflecken weggewischt. Also, tschüss, und viel Spaß.»

Und so macht das die Merkel doch auch. Ständig auf Reisen und ein freundliches «Ihr macht das schon» auf den Lippen. Großartig!

Aber immer wenn sie uns zu nahe kommt, reagieren wir allergisch. Klinsmanneffekt! Den hat sie während der WM einmal innig umarmt und saftig geknutscht. Daraufhin ist der gute Klinsi ausgewandert. Wenn Merkel den Fußball in Deutschland vernichten wollte, müsste sie einfach nur anfangen, ihn zu mögen. Ende.

Eine Dauerkarte für alle Bundesligaspiele der Saison, Merkel bei allen wichtigen Begegnungen dabei und natürlich ständig freudestrahlend im Bild – der Bundesligafußball wäre tot. Jeder, dem Angela um den Hals fällt, hat sein nahes Ende vor sich. Das weiß sie ganz genau. Und genau das hat sie uns bei der Fußballweltmeisterschaft 2006 gezeigt: Passt gut auf, ich könnte das jetzt immer tun!

Sie hat es also in der Hand.

Sie könnte Gott Fußball vernichten.

Durch reine Anwesenheit. Das ist wahre Macht.

Den Radrennsport haben die Damen auch schon auf dem Gewissen.

Denken wir nur an den unsäglichen Dopingskandal bei der Tour de France 2007. Skandalös, in der Tat. Aber doch bitte nicht wegen der Dopingvorwürfe! Das gehört doch dazu.

Die Herrschaften der radelnden Zunft waren schon immer

gedopt. Das wussten wir alle. Das war ja gerade das Spannende an diesem ansonsten recht langweiligen Sport. Die dem Radsport fehlende Todesgefahr wurde durch das gesundheitsschädliche Fressen von Aufputschmitteln doch überhaupt erst interessant. Eine Tour de France ohne Doping ist im Grunde wie eine Party ohne Saufen.

Seit es aber weibliche Sportmoderatorinnen gibt, tritt wieder der uns bekannte Effekt ein. Die überirdisch Edlen brauchen nur die männerdominierte Sportarena zu betreten, schon wirken die maskulinen Freuden unfassbar peinlich.

Wenn ich an die Berichterstattung zur Tour de France zurückdenke, habe ich immer nur weibliche Moderatorinnen vor Augen. Eine kopfschüttelnde Anne Will, eine sich ereifernde Korrespondentin, die mit gespielter Entrüstung in die Kamera blinzelte, sich darüber echauffierend, dass – o welche Enttäuschung – scheinbar alle angetretenen Radsportprofis … Wer hätte das nur gedacht, aber der Verdacht scheint sich zu erhärten. So, wie es aussieht, sind alle, man wagt es kaum auszusprechen, GEDOPT.

Nein, wie ekelhaft! Testosteronpillen! Eigenblutbehandlungen! Es ist doch nicht zu glauben …

Ihrem Blick ist der Tadel deutlich anzusehen: Schämt euch!

Der Mann als solches fühlt sich mal wieder ertappt. Als pharmazeutisch aufgeblähtes Mangelwesen enttarnt. Dabei ist alles nur weibliche Heuchelei.

Gerade Frauen, diese Pharisäerinnen, schmeißen sich alles rein, was die Pharmaindustrie an Leckerlis zu bieten hat. Jeden Tag die Antibabypille, Stimmungsaufheller in Großpackungen, und von wegen Eigenblut! Wer blutet denn jeden Monat hemmungslos vor sich hin? Aber dem Mann, diesem Widerling, dem gönnen sie gar nichts mehr.

Selbst Rudolf Scharping, der bräsige Bundesfahrradpräsident, hat die Zeichen der Zeit erkannt und zum geordneten Rückzug geblasen. Er ließ vernehmen, dass er ebenfalls der Meinung sei, man sollte in Zukunft konsequent auf die unsäglichen Dopingmethoden verzichten. Den Vorschlag, die Sportler doch ganz offen mit dem benutzten Dopingmittel zu deklarieren, was mit entsprechenden T-Shirt-Aufdrucken zu gewährleisten wäre, lehnte Scharping, nach längerer Überlegung, rundweg ab. Er, so Scharping, lege keinen Wert auf unsinnige Leistungssteigerung, wenn sie am Ende nur auf einen Wettlauf der Pharmakonzerne hinausliefe.

Stattdessen schlug Scharping vor, auf andere Drogen umzusatteln. Cannabis, Haschisch oder Marihuana würden zu einer dem Radsport angemessenen Beruhigung führen. «Kiffen statt rasen», so Scharpings vermeintliches Motto, würde die Glaubwürdigkeit des Profiradsports wiederherstellen. Denn dann «fahren wir wieder große Rennen, aber laaangsaaam, gaaaanz laaangsaaaaaaaam ...».

Ja, ein Ende der Raserei ist abzusehen. Dem männlichen Geschwindigkeitswahn wird gehörig der Riegel vorgeschoben. Es ist nur noch eine Frage der Zeit, bis weibliche Moderatorinnen auch bei der Formel 1 auftauchen. Spätestens dann wird der Motorsport als schwachsinnige und umweltzerstörende Spritvergeudung am Pranger stehen. Vielleicht hat genau deshalb, in weiser Voraussicht, Michael Schumacher, eine Männer-Ikone, die ihresgleichen sucht, den Bettel hingeschmissen und das Weite gesucht. Wie kann ein Held wie er es sonst wagen, völlig grundlos (aus männlicher Sicht) aus dem Boot zu steigen und uns im Stich zu lassen? Das ist Mannesverrat!

Wir haben doch sowieso kaum noch Vorbilder in unseren ausgedünnten Reihen. Die starken Kerle sind vom Aussterben bedroht. Und was war das eigentlich für ein lächerlicher Abgang? Verantwortungslos war das, Herr Schumacher! Pfui!

Keine Lust mehr gehabt? Aber sich einfach hinzustellen und zu sagen: «Püh, ich mag nicht mehr!» – also schwuler geht's ja kaum noch!

Gerade als Formel-1-Profi hat man doch die Möglichkeit, mit einem großen Knall aufzuhören. Und jede sich bietende Chance ist männlicherseits als Pflicht zu verstehen.

So hieß es früher nicht ohne Grund: «Bist du nicht mehr der Renner, mach's wie Ayrton Senner!» (Der natürlich Senna hieß.) Dieser martialische Schlachtruf, von so mancher Männerkehle grölend deklamiert, weist auf eine wichtige Tatsache hin: Die Formel 1 ist eine der wenigen Sportarten, in der man seine Karriere buchstäblich an die Wand fahren kann. Also hat Herr Schumacher das auch gefälligst zu tun. Wir zahlen schließlich nicht dafür, damit die Herren Millionäre nur im Kreis herumfahren, um letztlich nur wieder an derselben Stelle anzukommen, von der aus sie losgefahren sind. Das wäre doch nun wirklich zu simpel.

Der Tod muss schon mitfahren. Und zwar aus der Pole Position heraus. Die Todesgefahr gibt dem Motorsport erst seine heilige Aura. Und gerade die Formel 1 ist, so viel Ehrlichkeit muss sein, immer ein wenig wie eine Papstwahl: Alle warten gespannt, dass endlich Rauch aufsteigt.

Es ist auch so schon unerquicklich genug, mitansehen zu müssen, wie der Sittenverfall im Motorsport voranschreitet. Es passiert einfach viel zu wenig. Fast scheint es heutzutage gefährlicher zu sein, als Lehrer in der Rütli-Schule in Berlin-Neukölln zu unterrichten oder als Rentner in München durch die dortigen U-Bahn-Schächte zu rennen. Aber in der Formel 1? Nix mehr los. Betrug ist das!

Das war nicht immer so. Denken wir nur mal an einen so aufopfernden Zeitgenossen wie Niki Lauda. Dieser Mann hat für seinen mit Leidenschaft ausgeübten Job noch richtig gebrannt. Man kann mit Fug und Recht behaupten: Niki Lauda war noch Feuer und Flamme für seinen Beruf. Ein leuchtendes Beispiel für uns alle!

Es hat sich doch fest in unser aller Bewusstsein eingebrannt, wie er, nach seinem Crash, brennend in seinem Rennwagen saß. Wie er todesverachtend die lodernden Flammen, die über ihn herfielen, mit seinen bloßen Händen wegschlug. Wie er lässig die Asche von seinem gepeinigten Körper abklopfte, aufs Gas stieg und unerschrocken weiterfuhr. So wollen wir sie haben, unsere Helden vom Hockenheimring.

Aber ach, du feiges Deutschland, was muss man glauben? Die besten deutschen Helden kommen wohl aus Österreich.

Nein! Um Himmels willen, jetzt nicht gleich wieder an Hitler denken! Ich habe in diesem Zusammenhang eher an Udo Jürgens gedacht. Diesen erfahrenen Womanizer. Diesen klavierflügelbewehrten Gesangs-Gigolo aus dem benachbarten Alpenreich. Millionen verzückter Bundesbürgerinnen liegen diesem Meisterstecher zu Füßen und rufen ihm ein aufreizendes «Aber bitte mit Sahne» auf die Bühne. Er hat sie alle gehabt. Und so weiß er natürlich genau, wovon er redet, wenn er behauptet, dass Frauen über vierzig keinen Sex mehr wollen. Stimmt, sie wollen nicht. Vor allem nicht mit ihm. Einer Untersuchung des Statistischen Bundesamts zufolge wären immerhin 26 Prozent aller deutschen Frauen bereit, ein amouröses Abenteuer mit Udo Jürgens zu wagen. 56 Prozent dagegen sagen dazu: «Nein, nicht schon wieder!» Reife Frauen wissen eben, was gut ist.

Aber es ist ruhiger um Herrn Jürgens geworden. Das Letzte,

was ich von ihm gelesen habe, war eine verbale Schützenhilfe für Roland Koch, als dieser seinen Wahlkampf in Hessen 2008 führte. Da stand in großen Buchstaben auf der Titelseite eines Boulevardblatts: «Udo Jürgens: Kriminelle Ausländer ausweisen!»

Es ist schon eine interessante Auffälligkeit, dass es immer wieder Österreicher gibt, die sich bemüßigt fühlen, uns Deutschen bei Ausländerfragen unter die Arme zu greifen. Man hält uns wohl für zu gutherzig.

Wir haben noch nicht einmal einen richtig akzeptablen deutschen Hitler-Darsteller. Und das wirft kein gutes Licht auf unsere Talente in Sachen Boshaftigkeit. Wir konnten zwar Helge Schneider in der Rolle des umtriebigen Welteroberers bewundern, hielten ihn aber für eine lächerliche, unglaubwürdige Fehlbesetzung. Für einen schlechten Witz. So kann man den Bösesten der Bösen nun wirklich nicht darstellen! Wir haben da auch unseren Stolz.

Im Film *Der Untergang* war das schon viel besser. Aber da musste uns diesmal die Schweiz mit einem adäquaten Führerdouble aushelfen. Bruno Ganz! Und der hat aber auch eine verdammte Ähnlichkeit mit dem vermaledeiten Nazi-Chef, mein lieber Mann. *Der Untergang* wurde sogar in Hollywood gezeigt. Selbst US-Präsident George W. Bush hat ihm, Bruno Ganz, zur Wiederwahl gratuliert.

Tja, der Bush. Ich werde ihn vermissen.

Der war einer der ganz Großen.

Warum hat dem eigentlich keiner mal so richtig eine aufs Maul gehauen? Als Dankeschön für seine tolle Amtszeit. Hmm? Wäre doch auch nicht schlecht gewesen, oder?

8.

MÄNNER
SOLLEN
BETTELN!

*M*änner sind grundsätzlich ungenügend.

Nicht nur mangelhaft, keineswegs ausreichend, geschweige denn befriedigend – und über gut oder sehr gut brauchen wir nicht zu diskutieren. Ungenügend.

Das ist die einzig passende Bewertung. Sechs. Oder Sex.

Ist doch egal. Wie auch immer: Ein Mann kann nicht genügen. Das haben die Herren auch gar nicht zu entscheiden. Die Frauen sagen, was genug ist und was nicht. Ende. Aus.

Und warum? Weil sie es einfach besser wissen. Die Frau weiß genau, dass sie absolut recht hat, wenn sie dem Mann sagt, er hätte doch nun langsam genug getrunken oder wirklich lang genug geschlafen. Und wenn sie äußert, sie hätte überhaupt lang genug tatenlos zugesehen, immer hätte sie sich aufopfernd um alles allein gekümmert.

Er – machen wir uns nichts vor – hat sowieso keinen Grund zu klagen, denn er hat *sie*. Und das ist, bei allem Respekt, eigentlich schon einiges *mehr* als genug.

Ja, eine Frau weiß immer, wann es für den Mann genug zu sein hat. Steht aber selbst vor dem überfüllten Kleiderschrank und hat nicht genug anzuziehen. Komisch, oder?

Genug.

Was für ein Wort.

Es ist schon ein Wunder der menschlichen Kommunikation, wie sich die Bedeutung eines einzigen Wortes – fast wie durch Magie, die Magie der unterschiedlichen Interpretation – so zauberhaft verändern kann, wenn man dieses Wörtlein nur elegant durch verschiedene Münder verlauten lässt.

Wenn ein Mann ein schnörkelloses «Ich habe genug!» von sich gibt, so taucht vor meinem inneren Auge ein zufriedener, ich möchte fast schon sagen, glücklicher Mensch auf. Aus dem Munde einer Frau stürzt mich ein wie auch immer geartetes «Ich habe genug!» in tiefe Betroffenheit, ja, in eine von Empathie befeuerte Traurigkeit, denn ich befürchte das Schlimmste.

Wenn sie sagt, sie habe genug, dann steht der Mars im Uranus – und Trennungen kommen ins Haus. Wenn sie sagt, sie habe genug, dann wird es wohl Zeit, dass sie diesem Riesenarschloch die Tür weist und den blöden Wichser endlich rausschmeißt. Ist doch so …

Man kann es drehen und wenden, wie man will: Es ist schlicht undenkbar, dass eine weibliche Person ein positives Verhältnis zu dem Wort «genug» entwickeln könnte. Genauso wenig wie zu «Mir reicht's!» oder «Es langt!». Das wäre alles paradox. Geht gar nicht. Und macht zudem auch gar keinen Sinn.

Frauen sind aber nicht etwa gierig. Nein, nein, nein. Das kann man so nicht sagen. Frauen und gierig – das darf man nicht mal denken. Frauen sehen einfach ihre vornehmste Rolle darin, Ansprüche zu stellen. Frauen sind anspruchsvoll!

Das klingt gleich viel anständiger als «gierig».

Wer anspruchsvoll ist, der ist vor allen Dingen eines: anständig. Und Frauen sind doch anständige Menschen. Das steht außer Zweifel. Ja, ich möchte hier und heute feierlich behaupten: Frauen sind die anständigsten Menschen auf der ganzen Welt. Zumindest sind sie das, solange noch Männer da sind. Und Männer, diese antriebslosen Volltrottel, muss man bekanntlich hin und wieder mal treten, sonst tun die nix. Zumindest nichts Anständiges. Wie heißt es doch immer so schön: Hinter jedem erfolgreichen Mann steht eine erfolgreiche Frau.

Umgekehrt gilt das natürlich in keinem Fall.

Hat Frau Merkel jemals etwas in dieser Richtung geäußert? Dahingehend, dass sie es ohne ihren aufopferungsbereiten und verständnisvollen Mann, ohne ihren starken und geliebten Joachim, nie geschafft hätte? Der ihr immer dann, wenn sie nicht mehr wusste, wie es weitergehen soll, ihr seine starke Schulter hinhielt? Der ihr in stürmischen Zeiten, hemmungslos weinend, warmen Trost geben konnte und dank dem sie überhaupt noch in der Lage dazu war, anderntags das Kabinett zusammenzufalten und hässliche Intrigen gegen die SPD zu schmieden? Und dass sie sicher nicht da wäre, wo sie jetzt ist?

Ich frage noch mal: Hat Frau Merkel je etwas Derartiges durchsickern lassen?

Nö. Nie gehört.

Männer erzählen uns Vergleichbares jeden Tag von ihren Frauen. Was aber tut die Frau des Karrieristen? Na klar, sie treibt ihn an: «Lass dich nicht verarschen, da geht doch bestimmt noch was …» Genug ist nie genug. «Und die Kowalskis fliegen dieses Jahr auf die Seychellen – das würde mir natürlich auch gefallen.»

Frauen sind allgemeinhin keine maßlosen Abgreiferinnen. Nein. Frauen waren nur einige Jahrhunderttausende lang immer diejenigen, die im edlen Auftrag der nimmersatten Kinderbrut die Bestellliste an die Herren der Schöpfung weitergegeben haben. «Wir haben nix zu fressen, der Kleine nix anzuziehen, selbst die Großen sind viel zu dünn gekleidet, um jede Nacht vor dem Zelt zu schlafen. Wir sollten ausbauen …»

Die oft verkannte weibliche Raffmentalität hat ihre Wurzeln also im mütterlichen Fürsorgetrieb.

Da wird einem doch gleich ganz warm ums Herz, oder?

Die wahren Sauger und bodenlosen Gierschlünde sind die eben schon angeführten Drecksblagen. Sie, die wir immer als den Inbegriff der Unschuld anhimmeln, sind der eigentliche Grund für die ungezügelte Gier in unserer dekadenten Konsumgesellschaft.

«Unsere Kinder sollen es einmal besser haben» – pah! Die bekommen doch nun wirklich alles in den Hintern geblasen, was nicht niet- und nagelfest ist. Kann man zu Kindern gut genug sein? Kann irgendetwas je für Kinder reichen? Sicher genug? Warm genug? Genug Spielsachen? Genug ausgebildet? Genug gesund ernährt? Genug bewegt? Genug beachtet?

Genug geliebt? – Neeeeiin! Niemals!

Und für diese schnuckeligen, alles verschlingenden schwarzen Löcher des Gemeinwesens treten Frauen, in Mütterlichkeit gewandet, als deren natürliche Anwälte auf den Plan. Frauen fungieren quasi als der DGB der Familie. Die IG-Genugreichtnicht & Nochmehr.

Der Deutsche Gewerkschaftsbund fordert ja auch immer mehr, als er erzielen kann, und ist mit jedem Ergebnis irgendwie unzufrieden. Aus dessen Mund klingt sogar ein «Wir haben viel erreicht!» wie eine riesige Katastrophe.

Es ist doch immer wieder schön, die Kampfrituale der Gewerkschaften zu beobachten. Das Elend ist groß, größer könnte es kaum sein. Die Menschen darben, es reicht vorne und hinten nicht zum Leben. Die Volksseele brodelt, der einfache Arbeiter ist aufgebracht, erzürnt ob seiner prekären Situation. Es ist an der Zeit, dass endlich was passiert. Völker, hört die Signale! Und so organisieren sie, unter Anleitung gutgeschulter Berufsaufwiegler – den berüchtigten Gewerkschaftsfunktionären, jenen gemeingefährlichen, fundamentalistischen Missstandspredigern, die fast allesamt in ihrem früheren Leben einmal Lehrer waren, was so manches erklärt –, einen Aufstand. Und was für einen Aufstand! Es wird demonstriert, gestreikt, Mahnwachen werden abgehalten.

Überall sieht man deutlich erkennbar gebeutelte und von Armut gezeichnete Menschen, die nur dank ihrer unermesslichen Wut überhaupt noch die Kraft haben, ihre Transparente in die Höhe zu halten, auf denen in großen Lettern geschrieben steht:

WIR HABEN GENUG! ES REICHT! UNS LANGT'S!

Da leider ausschließlich Männer in den Führungsriegen der Unternehmensverbände hocken, ist es nicht verwunderlich, dass sie jedwede Forderung seitens der Gewerkschaften verbockt von sich weisen. Sie können kein Elend erkennen: «Ich weiß gar nicht, was die wollen. Die Leute auf der Straße sagen doch alle, dass sie genug haben!»

So gilt es auch an dieser Stelle einmal mehr, mit aller Dringlichkeit der Forderung nachzukommen, mehr Frauen in die Chefsessel der großen Unternehmen zu hieven, auf dass diese sozial hochbegabten Damen in den Führungsetagen der deutschen Wirtschaft ihren heilsamen Dienst an der Menschheit aufnehmen können.

Frauen sind eben die wahren Sozialisten. Gewissermaßen die Lafontaines der Weltgeschichte.

Rachegelüste – und den Hals nicht voll kriegen.

Ach, und für diesen dummen Kalauer gehört mir gleich mal so richtig eine gescheuert. Was natürlich auch nicht genügen kann. Also gleich noch eine Schelle hinterher!

*E*in Mann sollte sich stets wimmernd und um Gnade bettelnd einer Frau zu Füßen werfen.

Frauen nennen so etwas: «So schön gebrochen!»

Heulen soll er, aber nicht wie so ein elender Jammerlappen, sondern kraftvoll im Elend zerfließen.

Frauen nennen so etwas: «Gefühle zeigen».

Frauen lieben gebrochene Männer. Ein Held, der immer nur alles im Griff hat, ist für sie vollkommen uninteressant. Er muss Leidensfähigkeit an den Tag legen, dann wird er weiblicherseits mit Respekt behandelt.

Denken wir an weinerliche Kraftprotze wie Konstantin Wecker. Sein druckvolles, knödelndes Gejaule, als sei er dem Heulkrampf nahe – so schön verzweifelt und hochengagiert. Wenn er, dieses emotionsgeladene Muskelpaket, dieser singende Zuchthengst, verschwitzt und in voller Hingabe sein seinerzeit berühmtes «Genug ist nie genug, ich lass mich nicht belügen; schon Schweigen ist Betrug – genug kann nie genügen» ins Mikrophon drückte, dann war ihm die verzückte Zustimmung seines überwiegend weiblichen Publikums gewiss. Denken wir auch an Herbert Grönemeyer, den Inbegriff männlicher Weinerlichkeit. Nicht umsonst ist er der Größte unter Deutschlands Barden.

Allein die Stimme! So wie er klingt doch fast jeder Mann, dem das Leben übel mitspielt. So gewürgt, so gepresst, als schnüre ihm die Verzweiflung ständig die Kehle zu. Dauernd diese an unterdrückte Schmerzensschreie erinnernden percussiven Wutlaute, die Männer sonst nur dann von sich geben, wenn sie sich versehentlich beim Zwiebelschneiden den Daumen abhacken. Oder wenn sie versehentlich einen Orgasmus haben. Ja, es ist genau diese kraftstrotzende Jämmerlichkeit, die Frauenseelen zutiefst berührt.

Udo Lindenberg hört sich immer wie ein nöliger Teenager an, der von Mutti dabei ertappt wird, wie er gerade seine kleine Schwester verhaut, und in Erwartung einer gepfefferten Backpfeife abwiegelnd herummault: «Ey, ich doch überhaupt nix gemacht, ey!»

Marius Müller-Westernhagen ist vom Sound her mit einem Rotzlöffel vergleichbar, der im Supermarkt vor der an der Kasse befindlichen Quengelware mit dem Bein aufstampft und seinen ganzen aufgestauten Zorn auf die Stimmbänder drückt, sodass der gesamte Kehlkopf vibriert. «Mennoooo! Ich krieg nie ein Überraschungsei!»

Und schließlich haben wir natürlich noch unsere messianische Heulboje aus Mannheim: Xavier Naidoo. Er klingt immer wie einer, der das Unfassbare einfach nicht fassen kann. Er singt nicht, er betet. Er bittet und bettelt, leise beschwörend und eindringlich, als stünde er immer kurz vor dem Weinen. Mit zitternder Stimme, diesem unverwechselbaren Naidoo'schen Wimmertimbre, fleht er: «Geh nicht fort, denn es macht doch keinen Sinn.» Oder: «Sie sieht mich einfach nicht.» Oder: «Und wenn ein Lied meine Lippen verlääähähässt …» Oder: «Dieser Weg wird kein leichter sein, dieser Weg wird steinig und schwer.» Und jetzt alle in hemmungslose Schluchzerei verfallen. Man reiche Herrn Naidoo bitte auch ein Taschentuch.

Gott, muss der Mann am Ende sein. Das klingt alles immer wie eine musikalische Sterbebegleitung für Deutschland. Und ständig dieses Jesus-oh-Herr-sieh-unser-Elend-und-steh-uns-bei-Gehabe. Wenn der so weitermacht, kommt noch einer auf die Idee und schickt ihn an den Vatikan. In einer schönen großen Kiste, zwei dicke Balken und drei Nägel dazugelegt, von außen gut erkennbar die Aufschrift «JESUSBAUKASTEN» angebracht – und das Ganze dann ab in die Post. Ja, und in

Kürze hat unser Benedikt auf diese Weise wieder «was zum Nageln».

Aua!

Ich spüre förmlich das Aufprallen schwerer Handtaschen auf meiner Kopfhaut. Sehe die aufgebrachten Furien direkt vor meinem geistigen Auge. Wie sie mich wutentbrannt anfunkeln, mir drohend die Faust unter die Nase halten und mich hasserfüllt anstarren. Wie ein Donnerschlag bricht das jüngste Frauengericht über mich herein.

«Du hast gesündigt!», brüllt mich die Inquisitorin verächtlich an: «Du hast ihn beleidigt! Unsere Heiligkeit!»

Die anderen Rächerinnen ergänzen: *«In Ewigkeit. Amen.»*

«Du hast es gewagt, seinen Namen zu besudeln.»

«Und seine Kraft und seine Herrlichkeit.»

«Das ist schändliche Blasphemie, du Sauhund!»

«Sein Reich komme wie im Himmel so auf Erden.»

«Du hast das wichtigste Gebot gebrochen!»

«Wir vergeben keine Schuld und auch keinem Schuldigen.»

«Du sollst keine Witze machen über Xavier Naidoo, unseren Herrn! Ist das klar, du Arsch?»

«Der singt doch so schöön! In Ewigkeit. Aaaamen!»

Ja, keiner verulkt ungestraft den lieben Gott der Frauenmusik. Oder sollte man besser sagen: den Grandmaster of «Eierstock-Waibräischan»?

Er ist der einzig wahre Frauenversteher. Er hat die weibliche Logik mit Löffeln gefressen. Allein ein Satz wie: «Wir müssen geduldig sein, dann dauert es nicht mehr lang», löst bei den metaphorisch unterbelichteten Mannsbildern eher ein verständnisloses Kopfschütteln aus, während die sinnlichkeitsbewanderten Frauen, kräftig nickend, ein zustimmendes «Da hat er recht!» veräußern.

Er hat es einfach drauf, das muss man neidlos anerkennen. Xavier weiß, was Frauen wünschen: Anbetung.

Wenn er ein schmachtvolles «Sie ist nicht von dieser Welt, die Liebe, die mich am Leben hält» von sich gibt, dann glauben Millionen von Frauen, *sie* wären gemeint, *sie*, die wahrhaft Anbetungswürdigen. Wenn man als Mann, bemüht, den Irrtum aufzuklären, darauf hinweist, dass Herr Naidoo in Wahrheit Jesus meint, ist ein Streit unausweichlich.

Sie wird zickig darauf beharren: «Nein, der meint mich!»

«Nein, glaub mir, Schatz, der meint Jesus!»

«Nein, MICH!»

«NEIN, JESUS!»

«NEIN! MICH!!!»

Eine Frau ist eben ganz versessen darauf, gottgleich angeliebt zu werden. Und sie ist es, das muss man mit allem Nachdruck hier erwähnen, auch so gewohnt. Es scheint ihr höchst angemessen zu sein, wenn man sie als eine «Göttin» bezeichnet, während er mit einem simplen «Hasischnauzi» vorliebnehmen muss. Während sie hingebungsvoll mit dem Universum verglichen wird und ihre Augen ihn vermeintlich an diamantfunkelnde Sterne erinnern, wird er als «süßer Pupsi» verunglimpft. Selbst die Behauptung, er, der Unwürdige, würde ihr, seinem Sonnenlicht, die Welt zu Füßen legen, wird von ihr mit gelassener Genugtuung quittiert. «Gut, mein Junge, brav. Leg mir nur die Welt zu Füßen, ich hab's mit Sicherheit verdient.» Hitler scheint unter diesem Aspekt einfach nur ein hoffnungsloser Romantiker gewesen zu sein.

Aber ich will nicht grundlos herumstänkern. Auch ich, das will ich gern unumwunden zu Protokoll geben, würde es mir durchaus gefallen lassen, einem Gott gleich verehrt zu werden. Nicht zuletzt deshalb sucht ein Mann wie ich das grelle Licht der

Öffentlichkeit. Meine – sicher nicht immer ganz stubenreinen – Verlautbarungen will auch ich als einen verkappten Schrei nach Liebe wahrgenommen sehen. Ja, auch ein Ingo Appelt möchte geliebt werden. Das ungenierte Gelächter, das diese Äußerung auszulösen vermag, will ich getrost ignorieren.

Beleidigt möchte ich zu Bedenken geben, dass eine Frau, sobald sie denselbigen Satz von sich gibt, auf ein generelles Wohlwollen stößt. Aber einem Mann, der es wagt, ein bedingungsloses Geliebtwerden einzuklagen, schlägt eine kühle Verachtung entgegen. Sie mündet in der Aufforderung: «Dann streng dich mal schön an, du Trottel.»

Ja, und auch das ist eine Binsenweisheit: Männer müssen etwas tun, um Anerkennung zu finden. Frauen müssen nur einfach *sein*, um selbigen Effekt zu erreichen.

Männer müssen mächtig sein, um geliebt zu werden. Frauen wollen geliebt werden, um mächtig zu sein.

Und «mächtig» kommt von «machen». Also macht der Mann alles, was es so zu machen gibt. Vor allen Dingen macht er sich ständig zum Idioten, um bei den von ihm begehrten Damen Anklang zu finden. Kein Liebeslied, das männlicherseits zu unseren Ohren dringt, das nicht untertänigst darum bittet: «Oh, verlass mich nicht! Ich kann ohne dich nicht leben, weiß nicht, was ich tun soll, ohne dich. Weiß nicht, wer ich bin, ohne dich. Weiß nicht, was ich anziehen soll, ohne dich …»

So weit die grundlegenden Gedanken, die ein sich selbst aufgebender Mann als «romantisch» bezeichnete Schnulzen von sich gibt.

Frauen dagegen sind tendenziell rebellischer, abweisender in der Textgestaltung ihrer an uns gerichteten Kampf-Besingung. Da kann man schon des Öfteren anti-amouröse Klagen vernehmen wie: «Ich find dich scheiße. Verpiss dich. Du liebst mich nicht. Keine Widerrede, Mann, weil ich ja sowieso gewinn, weil ich'n Mädchen, weil ich'n Mädchen bin, weil ich'n Mähä-hähädchen bin. Ich will doch nur spielen, erinnere mich daran, dass ich dich vergesse. Wir stehen hier im Regen, es ist besser, wenn du gehst. Männer muss man loben, die Knallchargen, und wir grölen auch noch mit: ‹Männer sind Schweine …›»

Ja, Männer betteln unentwegt. Frauen machen morgen wahrscheinlich Schluss. Ja, wahrscheinlich. Sehr wahrscheinlich!

Warum auch nicht, *gut* kann *er*, wer auch immer, sowieso nicht sein. Und jetzt wissen wir es schon: nicht *gut genug*.

Ja, der Mann ist ein Getriebener. Wie der sprichwörtliche Esel und die ihn lockende, aber unerreichbare Möhre.

Und Frauen sind genau diese lockend karottige Erdwurzel für ihn, den störrischen Allesschlepper. Unerreichbare Prinzessinnen!

Da stehen sie, aller emanzipatorischen Tendenz zum Trotz, immer noch auf ihren hohen Burgzinnnen und machen ihn auf ihre Begehrenswertigkeit aufmerksam.

«Komm!», rufen sie ihm zu. «Bemüh dich, o holder Recke, um mich. Es ist ein gar lohnend Unterfangen. Aber sei gewiss, mein ritterlicher Bedränger. Leicht wird es nicht, eine Bezwingung meinerseits zu erzwingen. Dem bin ich vor.»

Und so reitet er, der Eroberungsgewillte, gerüstet und in vollem Kampfgeschirr der holden Edelfrau entgegen. Doch, ach! Kaum, dass er die Peripherie des angebeteten Prachtweibs erreicht, lässt die Dame, ihrer Erhabenheit geschuldet, die Zugbrücke hochziehen. Sie wirft, als gelte es, den ärgsten Feind abzuhalten, Hunderte von Krokodilen in den gewässerten Burggraben und schüttet siedendes Pech die Festungsmauern hinab.

Er, der wie von einer Lampe angelockte Motterich, fühlt sich verprellt. Allen Wohlwollens beraubt, insistiert er: «Watt is los, hömma? Erst sachste: ‹Komma her, ich hab da watt für dich›, und getz machste die Luken dicht. Watt soll datt denn?»

«Nun», ruft sie ihm schnippisch entgegen, «dein Bemühen sei durchaus belobigt, mein wackerer Eindringling. Aber hat er bedacht, dass er sich noch ein wenig mehr des Fleißes bemüßigen sollte, um es einer so huldvollen Weibsperson wie meiner auch nur im Geringsten gerecht werden zu lassen? Streng dich an, du Pfeife, da sind tausend andere, die sich mehr Mühe geben als du.»

Und so strengt er sich an, der konkurrenzorientierte Blödmann, nur, um es ihr, der ewig Anspruchsvollen, recht zu machen. Und der balzhafte Affentanz kennt kein Ende. Wie auf Dauerwerbesendung geschaltet, bietet er sich ununterbrochen an. Und sie schaltet permanent weg.

*D*as Gemeine bei alldem ist: Sie verheimlicht ihm den Eisprung. Auf diese Weise weiß er nie, wann er sich sinnvoll, mithin vermehrungsaktiv, einbringen soll. Er tappt im Dunkeln – und ist darauf angewiesen, werbungstechnisch nicht nachzulassen. Er ist somit auf sexuellen Nonstop-Betrieb geschaltet.

Die Hirsche haben es da besser. Die haben Brunftzeiten. Einmal im Jahr Rivalen bekämpfen, sich die Hörner abstoßen und die Weibchen begatten, bis der Riemen riemig ist. Ansonsten: Ruhe! Unsereins, als Mann, muss sich mit einer gewissen Dauerbrünftigkeit arrangieren.

Daher diese unablässigen männlichen Revierkämpfe, diese nervtötenden Angebereien. Zeit ihres Lebens gockeln diese rauflustigen Kampfhähne um die Wette, machen sich gegenseitig fertig. Oder sie amüsieren sich mit wie auch immer geanteten Schwanzvergleichen. Wer schon einmal einem Rudel großmannssüchtiger Kerle beim Wettpinkeln zugesehen hat, weiß um die grausamen Blicke, mit denen sie auf das beste Stück des jeweils anderen starren. Verunsichert taxieren sie während dieser genitalen Fleischbeschau die gegnerischen Apparaturen, dabei immer die Angst im Nacken: Der andere könnte einen Größeren haben.

Wenn Blicke schneiden könnten …

In seiner krankhaften Neigung zum albernen Konkurrenzdenken fühlt er sich ständig herausgefordert. Er beäugt die Dinge um ihn herum mit Missgunst. Er lebt im Feindesland, und so sieht er in jedem anderen eine persönliche Bedrohung. Was ihm gefährlich werden könnte, wird angegriffen. Und was kann einem Mann gefährlich werden? Alles, aber auch wirklich alles.

Der Mann ist kinderfeindlich. Frauenfeindlich. Ausländerfeindlich. Und und und und … Er ist die Feindlichkeit in Person. Er ist gegen Kinder, weil diese ihm seine Position als Platzhirsch am Busen seines geliebten Weibes streitig machen könnten. Er ist gegen Frauen, weil jene ihm seine Position als Ernährer verwehren könnten. Und gegen Ausländer ist er sowieso, weil diese ihm alles und jedes abspenstig machen könnten.

Nicht umsonst ist Fremdenfeindlichkeit ein so uraltes Phänomen. Warum standen denn wohl die Schwarzen zuallererst auf der Liste der zu versklavenden Völker? Weil irgendein böswilliger Zeitgenosse ein mieses Gerücht in die Welt setzte: «Hömma! Die Neger, die haben alle riesengroße Schwänze …» Das genügte, um die herrschenden Männerhorden in Aufruhr zu versetzen. Man rief zu den Waffen und brüllte: «In Ketten mit ihnen! Auf die Galeeren!» Fortan durfte der schwarze Mann nur noch als Kastrat die hiesige Heimstätte betreten.

Denken wir nur an die unsägliche Debatte um den EU-Beitritt der Türkei. Unsere Jungs sind von dieser Idee gar nicht begeistert und maulen: «Wieso denn, die sind doch schon alle hier. Ist überhaupt noch einer von denen in der Türkei? Der Präsident der Türken, dieser Recep Tayyip Erdoğan, musste doch extra nach Köln fahren, um überhaupt mal wieder ein paar von seinen Landsleuten zu treffen! Und – EU? Wo ist das überhaupt?»

Der deutsche Mann, das müssen wir hier zugeben – wenn auch ungern –, ängstigt sich schrecklich vor den hier anwesenden Osmanen. Er, der verunsicherte Teutone, befürchtet einen Kulturschock. Das ist nachvollziehbar, denn der germanische Leitkulturler fühlt sich soziosexuell unterlegen.

Er, der eifrige Brigitte- und *Emma*-Leser, der sich dem Weib als weichgewaschener Erotikdienstleister anbietet, als ayurvedisch bewanderter Ganzkörpermasseur und kuschelwilliger Beglücker (und das ohne jegliche bösartig-sexuellen Hintergedanken), als G-Punkt-Kenner und Intimrasierter, hat Angst vor der türkischen Konkurrenz.

Denn während er sich bettelnd und buckelnd, zart, scheu und zaghaft der Frau nähert, stürmt der Türke einfach auf die Begehrte zu und sagt: «Ey, Alte! Willste ficken?» Der deutsche Frauenstreichler vermutet, dass ein derart dreistes Vorgehen von Erfolg gekrönt sein könnte. Den türkischen Mitbürgern, so scheint es ihm, geht dieses kleine schmutzige Wörtchen («ficken») leichter über die Lippen als ihm. Selbst ich konnte erst nach monatelangem Training eine korrekte und selbstbewusste Aussprache bewerkstelligen. Dank meiner türkischen Freunde!

Wenn man sich mit einem Türken streitet, kann man eine belustigende Erfahrung machen: Wenn ein solcher beabsichtigt, einen anderen Mann ultimativ zu kränken, greift er zu für uns ungewohnten verbalen Attacken. Er baut sich bedrohlich vor ihm auf, richtet den Zeigefinger auf den zu Beleidigenden und sagt: «Ey, du Ascheloch, du hast meine Mutter gefickt!» Ja, das sagt er wirklich: «Du hast meine Mutter gefickt!»

Als ich das einst am eigenen Leib erfuhr, wollte ich mein Gegenüber nicht kränken und sog, als sei ich zutiefst beschämt, die Luft ein. Ich hob zudem die Schultern schuldbewusst an und erwiderte: «Hmm, kann sein. Lass mich nachdenken ... War das so eine kleine Dicke mit Kopftuch?» Ich sah seine Faust nur noch kurz zwischen meinen Augen auftauchen – und konnte mich danach an nichts weiter erinnern.

Aber die sieben Tage im Koma haben mich nachdenklich gemacht. Und so versuchte ich, Wochen später, selbst einmal einen jungen Deutschen mit der türkischen Methode zu provozieren. Doch der Erfolg blieb leider aus. Trotz mehrfacher Erwähnung, ich hätte mit seiner Mutter geschlafen, blieb der Deutsche gelassen, erwiderte darauf nichts, sondern ignorierte mich geflissentlich.

Schon der Hysterie nahe, schrie ich den unaufgeregten Bengel verzweifelt an. Hätte er, der Rotznasige, denn nicht gehört, was ich zuvor sagte? Lautstark wiederholte ich meine Äußerung, nach der ich, verdammt nochmal, Sex mit seiner Mama gehabt hätte.

Daraufhin schaute mich das Jüngelchen nur genervt an und sagte: «Du bist besoffen. Geh nach Hause, Papa.»

Manchmal muss der Mann sogar schon um Schläge bitten.

Na, bitte!

9.

MÄNNER
MÜSSEN MÄNNER
LIEBEN!

> Ein Mann braucht in Wirklichkeit nicht viel mehr
> als Sex, was zu essen und Stille.
>
> DORIS DÖRRIE

*M*änner finden sich sogar selbst zum Kotzen.

Wie könnte es denn sonst sein, dass sie männliche Artgenossen, die einen Herrn ihres eigenen Geschlechts hingebungsvoll anbeten, so abgrundtief verachten? Schwulenfeindlichkeit ist nichts anderes als ein tiefverwurzelter männlicher Selbsthass.

Wenn Männer wirklich glauben würden, sie wären ein göttliches, erhabenes und erotisches Überwesen, müssten sie logischerweise jedem, der dazu befähigt ist, sich den Reizen des minderwertigen und bösen Weibes zu entziehen und sich derer statt der einzig beglückenden Herrlichkeit eines liebreizenden Mannes hinzuwenden, mit Lob und Bewunderung überhäufen. Er, der Großartigste aller Großartigen, müsste sich doch erfreut um des Homosexuellen Hals werfen, ihm auf die Schulter klopfen und sagen: «Recht hast du, mein guter Freund. Nur ein Mann ist eines Mannes Liebe würdig. Lass dich von mir herzen, dich küssen. Hmmm – wie gut du riechst, ist es das neue Axe? Hinreißend! Darf ich dich zur Feier des Tages auf einen Kaffee einladen? Meine Wohnung ist gleich um die Ecke ...»

Stattdessen reagiert der Hetero-Mann gewöhnlich recht ungehalten, wenn man ihn auch nur in die Nähe gleichgeschlechtlicher Liebe rückt. Sofort rastet er aus: «Ich? Schwul? Du sagst zu mir, dass ich schwul bin? Du dummes Arschloch!

Ich hau dir gleich eins in die Fresse, du Wichser. Du bist doch selbst so 'ne schwule Sau!»

Woher kommt nur diese Gereiztheit? Wäre es nicht eleganter, wenn er gelassen die Schultern zuckt und mit fragendem Blick zugibt, dass er es nicht so recht wisse , da er leider bisher keine Gelegenheit hatte, das zu überprüfen? Man könne ja mal ins Nebenzimmer verschwinden und der Sache auf den Grund gehen …

Das wäre doch eine wünschenswerte Reaktion.

Aber es fehlt in unserer Gesellschaft an Spielwiesen, auf denen der Mann ungezwungen und unverbindlich homoerotische Erfahrungen sammeln kann.

Die Bundeswehr, die Schule der Nation, wie sie des Öfteren auch genannt wird, böte in idealer Weise die Chance, Männern auf unbekümmerte Weise die Annäherung an das eigene Geschlecht zu bewerkstelligen. Schon die Mannschaftsunterbringung lässt die Hoffnung aufkommen, es hier mit einer optimalen Begegnungsstätte experimentierfreudiger junger Männer zu tun zu haben. Allein die behagliche Enge der Soldatenstuben beinhaltet die große Wahrscheinlichkeit, dass es zu näherem Kontakt zwischen den heranwachsenden Landesverteidigern kommt. Dass sich in der Regel sechs Rekruten eine solche Zelle teilen, ist dieser Möglichkeit förderlich.

Schon die erste Frage, mit der sich unsere Jungs beschäftigen müssen: «Wer schläft oben, wer unten?», erscheint diesbezüglich unausweichlich. Nach oben zieht es in der Regel die etwas schüchternen Zeitgenossen, während unten eher die hemmungslosen Draufgänger, gern auch «Spritzer» genannt, residieren. Wenn nun der oben liegende Ängstliche in der Nacht verdächtige Geräusche vom unten Liegenden vernimmt, so wird er das Bedürfnis verspüren, nach dem Rechten zu sehen. Was er entdeckt, erregt ihn. Allerdings nicht erotisch, sondern emotional.

Er ist erzürnt und fragt nach, was das alte Schwein da unten eigentlich treibe. Aufgrund der schlechten Lichtverhältnisse sieht er jedoch das Elend nicht kommen und ist sichtlich überrascht, als er plötzlich unvermutet einen grellen Schmerz im rechten Auge verspürt. Nun ist ihm auch auf qualvolle Weise klar geworden, was es mit dem Begriff «Spritzer» auf sich hat.

Jetzt kommt es darauf an: Wird er sich prügelnd auf den Untermieter stürzen oder sich lieber rittlings auf dem Kameraden vergnügen? Bei letzterem Vorgehen, das wir natürlich begrüßen wollen, wäre ein weiterer großer Schritt in Richtung Abbau zwischenmännlicher Gewalt getan.

Ich fordere hiermit eine schwule Bundeswehr!

Gewissermaßen das Kölner Modell. Eine schwule Bundeswehr wäre schlussendlich der beste Weg in eine friedlich gesinnte Weltengemeinschaft. Eine Truppe, in der ein Soldat nicht nur schwul sein darf, sondern wo er, zu Übungszwecken, schwul sein *muss*.

Der Ausruf: «Bevor ich den erschieße, lass ich mir lieber das Röhrchen polieren», muss zur Parole eines Heeres werden, das eine ganz neue Form der «Manndeckung» proklamiert.

Der grundpazifistische Gedanke dahinter springt sofort ins Auge. Stichwort: Spritzer. Auch wäre eine solche Einheit erheblich kostengünstiger als eine waffenstarrende Armee der herkömmlichen Art.

Selbst ein rücksichtsloser Kriegstreiber wie George W. Bush wäre seinerzeit nicht auf die Idee gekommen, deutsche Soldaten nach Afghanistan zu schicken, wäre er schon damals mit einer warmen Truppe konfrontiert gewesen. Dabei könnte unsere männerverliebte Bundeswehr gerade in diesem Krisengebiet für Freude und Abwechslung sorgen. Der Kontakt zu Kameraden aller Nationen würde in den Mannschaftsquartieren eine ausgelassene Atmosphäre garantieren. Die nächtlichen Gesprächsrunden hätten dank unserer Freunde eine erfrischend andersartige Färbung als bisher üblich.

Kichernd würden sie am Lagerfeuer von ihren neuesten Abenteuern berichten: «Gestern bin ich heimlich zu den Russen rübergeschlichen. Ach, was waren die wild! Ich sag's euch, die hatten richtig Druck aufm Pinsel. Da trat schließlich dieser Verbindungsoffizier auf mich zu, Sergej hieß der. So'n richtiges Tier, versteht ihr? Der kam von hinten an mich ran und fragte mich: ‹Magst du lieber mit oder ohne Vaselin?› Und ich denke, huuuch, der geht aber ran. Lachend sage ich: ‹Lieber mit, mein Süßer.› Da dreht der sich um, winkt seinen Kameraden zu und ruft: ‹Wasselin!› Ich kann euch sagen, ich hatte soo den Kanal voll ...»

Eine erquickende Vorstellung, nicht wahr?

Schwule Bundeswehrsoldaten würden das Freizeitverhalten ganzer Heerscharen nachhaltig verändern. Das uns bekannte Herumgegröle marodierender Wehrdienstleister wäre passé. Und damit wären auch die Zeiten dieser besoffenen Vollidioten vorbei, die zum Abschluss ihrer Dienstzeit nicht, wie man etwa erwarten könnte, zu verantwortungsbewussten Mitbürgern gereift sind und alten Muttis über die Straße helfen.

Doch so ist es nicht. Stattdessen torkeln diese Deppen, «Ausscheider!» skandierend, durch unsere Fußgängerzonen und verschandeln das Stadtbild. Beschämend. «Ausscheider» nennen sie sich wohl deshalb, weil man sie an jeder Ecke kotzend und pissend ausmachen kann. Und wer schon mal das Pech hatte, freitags in der Deutschen Bundesbahn in ein Abteil geraten zu sein, gefüllt mit zum Wochenende heimkehrenden

Zivildienstverweigerern, der weiß, was es heißt, sich die 100 dümmsten Männerlieder anhören zu müssen. Der weiß, wie es sich anfühlt, über Tausende leerer Bierbüchsen zu laufen. Und der weiß auch, wie unbequem gerade eben von unseren Schule-der-Nation-Absolventen aufgeschlitzte Bundesbahn-Sitze sind.

Wer diese Saubande einmal erlebt hat, der kann sich nicht ernsthaft darüber wundern, wenn man erfahren muss, dass unsere braven Soldaten im Wüsteneinsatzgebiet mit Totenköpfen lustige Kegelabende veranstalten.

Schwule Kameraden würden mit ganz anderen Dingen um sich werfen. Gediegene Freizeitspiele wie «Fang die Seife» oder das fröhliche, Einfühlungsvermögen fordernde «Analraten» stünden auf der Tagesordnung.

«Analraten» – ein sicher nicht jedem geläufiges, aber sehr unterhaltsames Gesellschaftsspiel. Hierbei geht es darum, dass ein Spieler verschiedene, ihm rektal zugeführte Gegenstände blind erkennt. Das kann auch bei den umstehenden Zuschauern eine Hochspannung erzeugen, ähnlich wie bei *Wer wird Millionär?*. Der Ratefuchs steht dabei in leicht gebeugter Haltung, dem Publikum zugewandt, der Spielführer hinter ihm.

Das Spiel beginnt. Der Spielführer steckt ein Utensil seiner Wahl in den dafür vorgesehenen hochsensiblen Körperbereich, und der Vordermann fängt an, äußerst konzentriert, die Form und Konsistenz des zu erratenden Kleinods zu erspüren: «Warte mal … hmm … das ist dünn und spitz … hmm. Ein Filzstift.»

«Richtig!», jubelt der Spielleiter. «Ein Filzstift.»

Zweite Runde. Der nächste Gegenstand lässt sich nicht ganz so leicht ins Spiel bringen, und nur mit etwas Anstrengung kann er korrekt platziert werden.

Aber es klappt. Der Spieler keucht ein wenig, sein Gesicht ist schmerzverzerrt. Aber gefasst presst er ein «Das ist jetzt aber ein bisschen größer» hervor. «Hmm … ziemlich lang, vorn etwas dicker. Ich würde mal sagen, eine Panzerfaust!»

«Ja, genau! Eine Panzerfaust. Gut gemacht, Applaus!» Die Zuschauer toben vor Begeisterung.

Dritte und letzte Runde. Das Publikum johlt ein euphorisches «Einer geht noch, einer geht noch rein!», derweil unser Spielleiter das finale Ratestück in Position bringt. Es scheint nicht gerade filigraner zu sein als das Vorangegangene. Im Gegenteil. Unser Ratefuchs ist sichtlich angespannt, die Backen sind aufgeblasen, Schweiß rinnt ihm das Gesicht herunter und tropft zu Boden. Er zögert. Die Spannung im Publikum ist unerträglich. Mit fipsiger Stimme stößt er einen Laut aus. Es klingt wie «rund». Ja, er hat «rund» gesagt.

«Hmmm … groß … und rund.» Er ächzt und stöhnt.

«Ball!», stößt er schließlich, fast schon kollabierend, heraus. «Es ist ein Fußball!»

Stille. Niemand wagt es, auch nur zu atmen. Da dringt ein nasales, unterdrücktes Stimmchen hinter dem Spieler hervor. Es erinnert vom Klang her an Wendelin. Dem Loriot'schen Elefanten aus der fast schon vergessenen Quizshow *Der große Preis*. Und dieses leise, gepresste Stimmchen sagt: «Faaalsch! Komm, rate noch mal.»

«Kopf» wäre natürlich die richtige Antwort gewesen, aber das interessiert die Zuschauer nunmehr herzlich wenig. Viel spannender scheint es zu sein, wie es dem Spielleiter ergeht. Und es ergeht ihm schlecht, sehr schlecht. Die Annahme, Schwule seien per se friedliebend, erweist sich als Trugschluss.

Schwule sind nämlich vor allen Dingen eins: Männer!

Ich wäre gelegentlich auch ganz gern schwul. Ich habe

schöne schlanke und rasierte Beine. Ich bin oft emotional, und Schwule erzählen mit Vorliebe die allergemeinsten und schweinischsten Witze, die ich so herrlich finde. Und gerade als Kölner käme ich mir in meiner Heterosexualität nicht mehr derart fremdartig vor.

Aber das Beste daran wäre, glaube ich, dass ich mich von einem großen Druck befreien könnte. Dem Druck, der mich befällt, wenn ich auf Frauen treffe. Weil ich das Gefühl nicht loswerde, dass Frauen mich immer nur als willfährige Sexmaschine missbrauchen wollen. Dieses stets schon von weitem mir zugerufene «Mach mir den Hengst!» lässt in mir die Stresshormone kreisen.

Das bekannte Vorurteil, Männer seien sexbesessene Bumsmaschinen, möchte ich Lügen strafen. In der Tat stehen Männer auf Frauen in adretten Lederklamotten, aber nur, weil sie so herrlich nach neuen Autos riechen.

Ich habe mir vorgenommen, mich dem Image des Obergeilen zu entziehen und in Zukunft auf die sexuelle Ausbeutung meines Körpers zu verzichten. Sollen sie nur brüllen, die liebestollen Gören. Mich kriegt ihr nicht mehr!

Es ist doch sowieso alles viel zu anstrengend. Was man nicht anstellen muss, in seinem mickrigen männlichen Dasein, nur, um ein wenig Intimmassage zu erlangen! Ich habe keine Lust mehr, mich als Mann immer nur als pornoglotzender Primitivling denunzieren zu lassen. Als sei es das Wichtigste auf der Welt, schießen diverse sexuelle Ersatzbefriedigungen für die Herren von heute aus dem Boden.

Ihr könnt eure blöden billigen Pornos behalten und die Nutten nach Hause schicken. Ich will sie nicht. Dafür bin ich mir zu schade. Ich habe auch meine Würde.

Deutschland hat den größten Pornomarkt nach Amerika.

Sind wir etwa eine Nation von Wichsern? Und wenn ich mir die Pappnasen anschaue, die auf diversen Sexmessen aufgegeilt und sabbernd herumschleichen, als wären sie rammelsüchtige Zombies, bin ich zutiefst beschämt, einem solchen Geschlecht anzugehören. Da will ich mich hinstellen und laut brüllen: «Macht euch frei, ihr zum Sex Verdammten dieser Erde!»

Die Frauen haben ihre sexuelle Befreiung schon hinter sich. Wovon haben die sich denn befreit? Von uns natürlich. Die wollen uns nicht. Deshalb sind wir gezwungen, uns den Quatsch zu kaufen. Männer sind so auf Sex versessen, dass sie dafür Unsummen von Geld ausgeben. Das prangere ich an. Lasst euch nicht verarschen, macht es selbst! Oder euch selbst! Wie auch immer.

Jedenfalls: So geht das nicht weiter. Immer diese weibliche Anspruchshaltung. Streng dich an!

Sie haben natürlich in ihrer Lieblingszeitschrift, der *Brigitte*, gelesen, dass es Frauen möglich sei, einen fünffachen Orgasmus zu erleben. So etwas wollen sie selbstverständlich auch haben. Männer reagieren auf derartige Wünsche leicht überfordert und nuscheln ein «Fünf? Wieso fünf? Ich wäre froh, wenn ich nur einen einzigen bei ihr hinbekommen würde» in den Bart.

Und der Druck geht beim Vorspiel weiter.

Frauen haben einen Anspruch auf ein angemessenes Vorspiel. Das steht sogar im Grundgesetz. Und wie lange dauert so ein Vorspiel? Vierundzwanzig Stunden! Ein falsches Wort, und du bist raus!

Auch bei den an einer Frau befindlichen «erogenen Zonen» ziehen wir mal wieder den Kürzeren. Eine Frau hat bis zu einhundert erogene Zonen. Ich kann mich stolzer Besitzer einer einzigen nennen. Das ist doch unfair! Und bis man diese Reizbereiche bei der Frau alle gefunden hat, das kann dauern, so gut, wie die versteckt sind. Und wehe, du findest einen nicht! Oh, oh, das gibt Punktabzug.

In allen Ritzen und Hautfältchen muss man wühlen und streicheln, bis man das nächste Level erreicht hat. Man ist schon erledigt, bevor es richtig losgeht. Und für den Fall, dass es dann auch endlich zur Sache geht, muss man wissen – egal, was folgt –, es geschieht nur unter Aufsicht der bestimmungsberechtigten Frau. Sie weiß genau, wo es langgeht, und dirigiert das gesamte Geschehen. Erst soll man langsam und ganz zärtlich sein, danach etwas heftiger und schließlich noch heftiger. Dann aber wieder das Tempo wechseln und eine ruhigere Gangart einlegen, dafür umso tiefer vorgehen. Und küssen nicht vergessen, und anschauen soll man sie auch noch, möglichst noch etwas sagen. Danach soll man wieder heftiger werden, dann endlich wie ein Tier!

Man ackert wie ein Schwein – und ist am Ende völlig erledigt. Man hustet und prustet und fragt erschöpft nach, wie es denn für sie gewesen sei? Daraufhin gibt ein schmolliger Mund ein spitzes «Weiß nicht, irgendwie nix» von sich.

Der weibliche Orgasmus scheint mir auch so eine Legende der Leidenschaft zu sein. Hat den schon mal jemand gesehen, diesen Yeti des Lustgipfels? Ist schon mal eine der Damen je dabei gewesen? Brauchen die den wirklich? Oder wollen sie uns wieder nur veräppeln? Unnötigen Druck machen? Damit man bei Nichterfolgen ja wieder von Schuldgefühlen geplagt wird? Um nachher sagen zu können: «Ich gebe mir größte Mühe, aber du bringst es halt einfach nicht»?

Ich gebe es ganz offen zu: Wenn ich mir den Wahnsinn des erotischen Machtkampfes zumute, wenn der schon sein muss, dann liege ich unten. So viel Unterwerfung muss sein. Ich bringe dieses Opfer gern. Nach Jahrtausenden der Unterdrückung haben es die Frauen verdient, dass ich unten liege. Und es ist bekanntlich eine übermenschliche Herausforderung für den Mann. Unten zu liegen ist Schwerstarbeit. Ich sage nur: Kontrollverlust.

Und das ist doch das, worum es heute wirklich geht: den ultimativen Verzicht des Mannes auf jedwede Kontrolle. Und das ist, das sei hier in aller Deutlichkeit gesagt, ein Opfer erster Güte. Denn worum geht es denn dem Mann im erotischen Wettstreit? Was geht ihm denn unablässig durch den Kopf, wenn er sich um des Weibes Glück bemüht? Nicht kommen! Genau! Nicht kommen – das ist sein größter innerer Kampf während der libidinösen Eskapade. Dem Unvermeidlichen Einhalt gebieten, das ist sein Auftrag. Lustverlängernde Maßnahmen zu ergreifen, hinauszögern, was hinauszuzögern ist – das ist es, was man von ihm erwartet.

Komm nicht, noch nicht, jetzt noch nicht! Er will nicht, dass «ES» kommt.

Sie hingegen will es unbedingt. Unbedingt. Unbedingt.

Und das läuft doch genau gegeneinander. Der hilflos unten Liegende wehrt sich mit aller Kraft gegen die finale Eruption. Sie reitet hemmungslos, ekstatisch und egoistisch dem strahlenden Licht entgegen, und er ruft verzweifelt: «Stopp ... nicht ... warte mal!» Doch die Galopperin achtet natürlich nicht darauf und prescht einfach weiter. Er krampft gequält, beißt die Zähne zusammen – aber zu spät! Er explodiert verärgert. Und sich selbst verachtend, flucht er: «Verdammter Mist! Hrch ... 14 Sekunden!» Das ist zwar Tagesrekord, aber was hat er davon? Die goldene Arschkarte.

Sie meckert ihn nur an: «Kannst du denn nicht aufpassen? Nein, der feine Herr kommt einfach zu früh. Du Egoist! Komm, ruf noch ‹Erster›!» Er japst entnervt: «Erster, haha ...», und ist sauer. Einfach weitermachen ist nicht möglich. Der multiple Orgasmus ist dem Mann verwehrt.

Da ist «Hängen im Schacht» angesagt. Man kann das Ding ja auch nicht wie beim Computer abschalten und wieder hochfahren. Geht nicht. Das wäre ein «schwerer Anwendungsfehler». So ist er gezwungen, der Natur ihren freien Lauf zu lassen und sich zu gedulden, bis wieder Tinte auf dem Füller ist. Und das kann bekanntlich einige Zeit in Anspruch nehmen. Man könnte solange einen Film anschauen. Was weiß ich, *Der Herr der Ringe* beispielsweise. Alle drei Teile.

Alle warten auf «die Rückkehr des Königs»!

Nun kann man sich natürlich, der Pharmaindustrie sei Dank, potenztechnisch behelfen. Mit dieser Aufrichthilfe für Todgeglaubte: Viagra. Eine ganz neue Form der Leichenstarre! Dadurch gewinnt der geplagte Beischläfer Spannkraft und Zeit. Er kann sich ruhig zurücklehnen und sagen: «Mach langsam, Baby! Ich hab noch drei Pillen hier rumliegen. Wenn du fertig bist, sag einfach Bescheid!»

Und die Damen sagen ja so was von Bescheid! Dieses Gebrülle, dieses Gejauchze, dieses ohrenbetäubende Jaulen! Der Mann erträgt all das trommelfellgeschädigt, aber ratlos. Warum, so fragt er sich, müssen die Damen denn immer so verdammt laut sein? Können die nicht einfach etwas leiser daherkommen? Ein Mann gibt doch auch nur ein kurzes, gepresstes Geräusch von sich. «Uhgh» ist eine der männlich-erotischen Euphorie mehr als ausreichend Ausdruck gebende Lautmalerei.

Es könnte sich einem fast der Eindruck aufdrängen, die Frauen hätten mehr Spaß an der ganzen Begattungssportübung als er. Sehr verdächtig.

Aber selbst wenn alles vorbei sein sollte, nicht nachlassen. Es folgt nämlich die «Nachspielzeit».

Das heißt für den geschlauchten Kraft- und Saftlosen: Liegen bleiben! Ja, der Herr Dienstleister bleibt gefälligst liegen. Die Damen sind nämlich gewillt, nach dieser aufreibenden Prozedur noch ein wenig auf des Mannes Brust zu ruhen. Sie gedenken zu kuscheln. Er dagegen möchte viel lieber gleich aufspringen, um das Auto zu waschen. Aber nein, dieses Anliegen muss verwehrt bleiben. Sie will kuscheln. Und zwar lang und ausführlich. Da sind sie eben romantisch, die zauberhaften Elfen!

Nein, so denken sie sich, nein, bloß kein abruptes Ende. Lieber ein ganz zartes – wie soll man sagen? – Auslaufenlassen! Drinbleiben und auslaufen lassen.

Und jeder, der einmal unten lag, weiß, was das bedeuten kann. Zunächst glaubt man, alles sei in Ordnung. Aber dann, nach einer gewissen Zeit, beginnt das schleichende Drama der schrumpfenden Männlichkeit, begleitet von einer mehr und mehr der Verflüssigung verfallenden Einspritzmasse. Dieser quälend langsame Rückzugskampf!

Wie eine Nacktschnecke auf der Flucht, so entfleucht das männliche Bestechungsgerät kriechend der weiblichen Umklammerung. Wenn allerdings die Dame in diesem Moment einmal kurz hustet, tja, dann findet der zähflüssige Exodus ein unvermutet rasantes Finale.

Dieses berühmt-berüchtigte Zwerchfell-Beckenboden-Katapult! Die Damen schmeißen einfach alles raus, was vorher drin war. Da werden Frauen zu Serben! Und dann liegt man da mit seinem kleinen Albaner – und friert. Alles ist so feucht, so kühl, so nass. Man befürchtet, sich eine Blasenentzündung zuzuziehen, bleibt aber bewusst gelassen. Und harrt der Dinge, die da kommen werden.

Man ist geduldig und beschwichtigt die Dame seines

Herzens, alles sei gut und in bester Ordnung. Aber wenn nach einer gewissen Zeit die Auslaufprodukte sich eines natürlichen Trocknungsprozesses ergeben, spürt der unten Liegende ein unangenehmes Ziepen in der Arschbackengegend. Einem Sekundenkleber gleich beißt sich der ausgestoßene Befruchtungssaft in die Hautfalten.

Ekelhaft! Mir ist es schon passiert, dass ich morgens, nach einer heißen Liebesnacht erwachend, feststellen musste, dass mir das Bettlaken am Hintern klebte. Das Zeug zieht sogar ein zwei mal zwei Meter langes Bettlaken locker aus seiner Verankerung. Und dann klebt einem diese seltsame Friedensfahne am Popo, und man ahnt verzweifelt: Die muss ab! Und so stellt man sich, des folgenden Elends bewusst, aufrecht hin, ergreift todesverachtend das Tuch, zählt bis drei, um mit einer ruckartigen Bewegung das unselige Stoffding mit einer einzigen reißenden Kurzschlusshandlung zu entfernen. Der einsetzende Schmerz wirkt in doppelter Hinsicht befreiend. Zum einen ist der blöde Stofffetzen entfernt, und zum anderen ist man der lästigen Pobehaarung ledig. Ein Umstand, der uns lehren will: Des Mannes Schmerz ist in jedem Fall gewinnbringend. Also, die Bitte sei gewährt: Immer feste druff auf die Blödmänner! Wer weiß, wofür es gut ist.

10.

MÄNNER
SOLLEN DIE SCHNAUZE
HALTEN!

Die Henne ist das klügste Geschöpf im Tierreich.
Sie gackert erst, nachdem das Ei gelegt ist.
ABRAHAM LINCOLN

*M*änner sind zu keinem vernünftigen Gespräch in der Lage!

Ihnen würde es genügen, sich mit ein paar Grunzlauten zu verständigen. Zu erzählen haben sie sich sowieso nichts. Um in geselliger Runde für Freude zu sorgen, ist es in ihren Augen völlig ausreichend, mit einigen saftigen Fürzen oder mit langgezogenen extralauten Rülpsern die Stimmung anzuheizen.

Ja, Männer haben ein recht simples Verhältnis zum Humor. Dem Schwächsten der Truppe ein Bein zu stellen oder ein Brechmittel ins Bier zu schütten wird für einige Schenkelklopfer sorgen. Was ist eigentlich aus den netten kleinen Jungs geworden, denen die Mutti vor dem Schuleingang noch liebevoll den Scheitel kämmte? Verlorengegangen auf den verschlungenen Pfaden der Pubertät! Vorne noch als süßer Mamafratz hineingeschickt und hinten als gemeingefährliches Arschloch wieder herauskommend, so steht er vor uns: noch ein weiterer Dreckskerl!

Die Pubertät ist für Männer eine schlimme Zeit. Ich weiß, wovon ich rede: Ich habe sie erst kürzlich hinter mich gebracht, wie ich hoffe. Das Hirn des Heranwachsenden wird mit Testosteron bombardiert und verwandelt den ehemaligen Bettnässer in ein Sicherheitsrisiko schlimmster Sorte.

Testosteron ist kein Männlichkeitshormon, sondern ein

Sexualhormon. Es macht aggressiv, geil und wirkt leistungssteigernd. Damit haben wir die wichtigsten Eigenschaften des Mannes umrissen, denn was ist der Mann anderes als ein hochaggressives, notgeiles Arbeitstier? Nichts.

Frauen haben auch Testosteron im Blute, aber er, der Weltzerstörer, bis zu hundertmal mehr. Das führt in jungen Jahren zu diesen bis zu zehnmal täglich auftretenden, äußerst lästigen und peinlichen Erektionen, unter denen ein männlicher Teenager so erbärmlich zu leiden hat. Und zu meiner Zeit waren wir noch nicht in der Lage, die beschämende Hosenausbuchtung mit der Schutzbehauptung «Das ist nur ein Handy-Anruf von Mutti!» herunterzuspielen.

Alle fünf Minuten drängen sich sexuelle Phantasien auf, die jeweils sieben Minuten andauern. Jeder Versuch, mit einem Vierzehnjährigen verbalen Kontakt aufzunehmen, ist im Vorhinein kläglich zum Scheitern verurteilt. Auf die gutgemeinte Frage, an was der Bursche gerade denke, wird er nur entsetzt die Lippen zusammenpressen, um unbedingt zurückzuhalten, was automatisch seinem Mund entweichen will. Bis es dann doch letztlich unaufhaltsam aus ihm herausplatzt: «Ficken!», oder: «Ballern!»

Um viel mehr scheint es sich in der Gedankenwelt des jugendlichen Männchens nicht zu drehen. Es wäre natürlich ratsam, den an einen Sex- und Terrorjunkie erinnernden Bengel von allen anstachelnden Einwirkungen abzuschirmen, um sein aggressives Potenzial in überschaubaren Grenzen zu halten. Während man bezüglich gewaltverherrlichender Spiele und Videos zu einem – sicher unzureichenden – Jugendschutz gelangt ist, kann man dies von der sexuellen Bedrohung nicht behaupten. Die darf nämlich ungehemmt und unzensiert frisch, fröhlich, frei in der Gegend herumlaufen.

Die Mädels! Die Klamotten, mit denen die Gören da so unbehelligt herumstolzieren, diese knappe, den Körper nur dürftig verhüllende Luststeigerungsware, die sie heute bei H&M freiverkäuflich erhalten, musste man früher bei Beate Uhse heimlich unter dem Tisch bestellen. Das wird immer schlimmer – und das war absehbar!

In grauer Vorzeit haben kleine Mädchen brav mit ihren Püppchen herumgemacht, während die blöden, ungehobelten Buben laut und ausufernd mit ihren Spielzeugautos dagegen anbrummten und tierisch nervten. Heute nehmen die Mädchen kurzerhand selbst ein Autochen an sich und brummen zurück. Lauter als er! Er wirkt verunsichert, stutzt kurz, greift zum Baseballschläger und demoliert mit einem einzigen kräftigen Schlag das Miniaturfahrzeug.

Sie lächelt böse und herausfordernd, greift ebenfalls zum Schlaginstrument und tut es ihm nach. «Kann ich auch!» Und dieses «Kann ich auch!» führt zu einer unaufhaltsamen Spirale der Gewalt. So lange, bis der Depp sich geschlagen gibt – was er bekanntlich nur sehr ungern tut.

Auch sprachlicherseits ist dieses Phänomen gut zu beobachten. Wenn man unbefangen an einer Schulhofmauer lauscht, kann es schon passieren, dass man rote Ohren bekommt ob der Dinge, die man da so vernehmen muss. Ein Satz wie: «Ey, du blöde Fotze, ich hau dir gleich eine in die Fresse, du Schlampe!», wird nicht etwa von männlichen Rüpeln angestimmt, wie wir es vielleicht noch erwartet hätten. Nein, es sind die Ausrufe einer Angehörigen des vermeintlich schwachen Geschlechts.

Frauen reden mittlerweile genauso kraftvoll wie Männer. Diese maskuline Sprachanwendung, die eine Frau vom Mann kaum noch unterscheidbar macht, kompensieren die Mädels mit einer Überstilisierung ihrer weiblichen Körper.

Daher der Nuttenlook. Die Typen reagieren zwar angeregt auf diese Reizüberflutung, können aber nicht viel machen.

Ihnen sind die Hände gebunden, im wahrsten Sinn des Wortes. Während die fröhlich gackernden Backfische halb entblößt durch die Innenstädte flanieren dürfen, ist es den aufgegeilten Boys keineswegs gestattet, den Damen masturbierend hinterherzueilen. Das klingt ungerecht. Und das ist es natürlich auch! Der Mann muss sich, ob seiner männlichen Triebhaftigkeit, missbraucht sehen. Es ist, als würde man einem Verhungernden stetig einen leckeren Braten vor die Nase halten, ihm das Zubeißen dagegen geflissentlich verbieten. Ein solcher Mensch ist zu allem fähig.

Der überall gegenwärtige Tittenterror, der in der schlichten Aussage mündet: «Wozu Bildung, wenn ich Titten habe?», stürzt den Mann in schiere Verzweiflung. Er kann all die dicken Mädchen mit ihren protzigen «Hirschgeweihen», die auf den überquellenden Arschbacken prangen, nur schwer ignorieren. Selbst im Schrittbereich kann er, dank knapp geschnittener Hüfthosen stets gut erkennbar, fest eintätowierte, an ihn gerichtete Botschaften ausmachen. Hinweise wie «Einfahrt freihalten!» oder «Sackgasse!» zeigen ihm deutlich, wo der Hammer hängt. Oder besser: hängen könnte, es aber nicht tut.

Nun ist die aufreizende Bekleidung der Damen nicht etwa als Aufforderung zur Fortpflanzung gedacht. Weit gefehlt! Sie will ja nicht mitteilen, dass sie Sex will. Nein, sie will ihm eher zum Ausdruck bringen, dass sie will, dass er es will. Frauen rufen einem tollen Mann, meist reich und prominent, also reichlich mit «inneren Werten» bestückt, nicht etwa «Ich will Sex mit dir!» zu. Viel eher neigen sie zu der enthusiastischen Aussage: «Ich will ein Kind von dir!»

Man achte auf das Verräterische «von dir!». Sie meinen schließlich nicht: «Mit dir!»

Früher haben die Frauen den Männern die Kinder geschenkt – heute behalten sie die süßen Racker einfach für sich ganz allein. Schicken aber selbstverständlich eine Rechnung.

Das kann teuer werden. Wäschekammer lohnt sich nicht, my Darling. Ja, richtig, das war eine unzulässige Anspielung auf Boris Becker. Seine Milchkaffeemädchenrechnungen gehen auch nicht immer auf. Zahlt der jetzt eigentlich Alimente? Oder heißt das bei ihm Schwarzgeld? Egal! Was auch immer ein Mann an Geld auf den Tisch legt, er macht es gern. Schnauze halten und blechen, immer den Edlen zu Diensten! Wie heißt es doch so schön: Das Geld ist nicht weg, es hat nur jemand anderes.

Der männliche Sextrieb ist eine wahre Goldgrube.

Und sie versiegt nie. Er will und will und will!

Unbelehrbar, der geile Bock! Aber soll er doch nur wollen, das macht ihn aufgeschlossener für allerlei Forderungen, die man weiblicherseits an ihn stellen könnte: «Schau, dieses hinreißende Kleidchen dort! Meinst du nicht auch, dass es mir gut zu Gesicht stünde, dieses Meisterwerk der Webkunst? Und wo ich es mir recht überlege, in der nächsten Woche habe ich doch tatsächlich noch einen Abend zur freien Verfügung. Ich könnte mich, sagen wir, ins Kino einladen lassen, wenn ich nur wüsste, was ich anziehen soll. Hast du Lust?»

Er, der sabbernde Lustmolch, hat immer Lust. Und man ahnt bereits, wie es endet. Er wird mit ihr ins Bekleidungsfachgeschäft schleichen, um das Objekt ihrer Begierde zu erstehen, damit sie, das Objekt seiner Begierde, mit ihm, dem Objekt niemandes Begierde, ins Kino geht. Alle sind glücklich!

Aber um dem Rausch der Glückseligkeit noch das Sahnehäubchen aufzusetzen, ist das erwählte Kleidungsstück, das sie bereits auf ihrem Wahnsinnskörper befestigt hat, unfassbar günstig. Quasi geschenkt! Statt der erwarteten 1200 Euro ist das gute Designerhandwerksprodukt für läppische 870 Euro zu erwerben. Da kann man echt nichts sagen.

Sie quietscht vor Vergnügen, und er fragt sich, ob er es je schaffen wird, sie in einen ähnlichen Zustand der heillosen Euphorie zu versetzen. Wahrscheinlich, so dämmert ihm, eher nicht. Denn nichts auf der Welt kann eine Frau in einen derartigen Freudentaumel befördern wie ein stattliches Sonderangebot. Denn Frauen lieben Sonderangebote!

Jeder Mann verzweifelt an der Beutepräsentation, die nach der großen Shoppingtour erfolgt, geradezu an sie gekoppelt ist. Natürlich geht es den kaufberauschten Damen auch darum, vorzuführen, wie toll die eben erstandenen Klamotten aussehen, wie toll sie sitzen und so weiter. Aber das ist sekundär. Was unseren Liebsten wirklich den ultimativen Kick versetzt, ist die Tatsache, dass sie all die wunderbaren Neuerwerbungen zu einem unschlagbar günstigen Preis erhalten haben. Es wäre doch ein Verbrechen, so erklären sie freudig glucksend, bei einem solch sensationellen Rabatt nicht sofort zuzuschlagen.

Männer können so etwas nicht nachvollziehen. Es will einem Mann schlicht und ergreifend nicht ins Hirn gehen, warum sie es so sexy findet, unsinnig teure Designerware zum halben Preis zu erwerben. Der Upperclass-Fummel ist schließlich mit voller Absicht so unfassbar überteuert, damit man den von Neid zerfressenen Umstehenden deutlich zu verstehen geben kann: «Seht her, ich kann mir solch Schickimicki-Zeugs leisten, ihr asozialen Nulpen!» Geiz ist eben geil.

Wenn dagegen ein Mann meint, unbedingt mit einem 100 000 Euro-Superschlitten auftrumpfen zu müssen, findet er es nur wirklich cool, wenn er es sich auch leisten kann. Sonderangebote sind in seinen Augen etwas für Leute, die darauf angewiesen sind, jeden Cent dreimal umdrehen zu müssen. Das heißt: Wenn ihm seine Angetraute mal wieder vorschwärmt, wie ach so günstig sie sich eingekleidet hat, fühlt er sich wie ein armer Schlucker, dessen Angebetete es sich nicht leisten kann, unter Nicht-Schnäppchen-Bedingungen etwas Adäquates zum Anziehen zu kaufen. Er ist genau genommen ein Penner, dessen Frau sich nur mit ausrangierten Billigfetzen notdürftig verhüllt in der Öffentlichkeit zeigen kann. Was für ein Versager!

Und genau darum geht es doch: den Mann zu demütigen! Ihn herabzusetzen!

Das machen die Frauen natürlich nur, damit sie ihn auch aufrichtig lieben können. Denn sie lieben, wie gerade beschrieben, mit großer Inbrunst alles, was herabgesetzt ist. Und so ist es ein klassisch männlicher, also logischer Fehlschluss, wenn er glaubt, er, der desorientierte Prahlhannes, müsse seinen Verkehrswert immer höher angeben, als er in Wirklichkeit ist. Einer solchen Bilanzfälschung kommen Frauen aber in null Komma nix auf die Spur, und er steht als dummer Rosstäuscher da.

Nicht umsonst sagen Männer zu ihrer Angebeteten: «Meine Teure!» Ja, Frauen wollen gut und teuer sein. Männer dagegen müssen gut und billig sein. Ein wandelndes Sonderangebot. Ein Schnäppchen auf zwei Beinen.

Und so kann ich nur dringend raten: Mann, setz dich selbst herab, sonst wird sie es tun! Das passiert sowieso. Ich will die ganze Stadt voller Plakate sehen, auf denen steht: «Männerschlussverkauf! 20 Prozent Rabatt auf alle Kerle. Außer Tiernahrung.» In Annoncen sollte öfter mal zu lesen sein: «Reparaturbedürftiges männliches Auslaufmodell mit Lackschaden zum Liebhaberpreis abzugeben!»

Die Scheidungsquote würde in den Keller sinken. Weil Frauen natürlich nur zu gut wissen: Heruntergesetzte Ware ist grundsätzlich vom Umtausch ausgeschlossen!

Und genau dieses Grundprinzip des sich selbst Herabsetzens scheinen gerade moderne junge Männer für sich entdeckt zu haben. Wie ist es sonst zu erklären, dass die coolen Jungs mit einer derart geschmacklosen Bekleidung, wie man sie allerorten ausmachen kann, auf die Straße treten? Während die Frau von heute all ihre Reize selbstbewusst zur Schau trägt, läuft er in Schlabberzeugs herum.

Während sie befreit, offenherzig und halbnackt mit ausgebreiteten Armen dem Horizont entgegeneilt und lässig danach fragt, was die Welt kostet, schleicht er, der Herabgesetzte, seltsam verhüllt hinterher. Es ist, so scheint es, wie im Islam – nur umgekehrt.

Ein riesiges XXL-Sweatshirt baumelt an seinem hageren, schlaffen Körper, auf dem Kopf trägt er ein albernes Pudelmützchen. Auf diesem wiederum thront ein schräg postiertes Schirmmützchen, und die Kapuze des XXL-Shirts macht den Sack oben zu. Die alles andere als figurbetonende, tiefhängende Beutelhose umschlabbert lustlos seine Beine. Die Füße stecken in riesigen Turnschuhen, die an einen Clown erinnern, offen gelassen, weil er sich anscheinend nicht selbst die Schuhe zubinden kann. Damit er sich in diesem behindernden Aufzug überhaupt bewegen kann, nimmt er als Gehhilfe einen Tretroller in Anspruch. Sieger sehen anders aus!

Gerade diese Beutelhosen, die so unelegant in den Knien hängen – was will uns sein Träger damit sagen? «Ey, ich brauch Platz, da drinne! Weil ich soon großen Schwanz habe!» Nein, das nicht. Er scheint eher Platz zu benötigen, damit die Windel besser hineinpasst. Dieses auf den Hüften sitzende und damit die Unterhose preisgebende Selbstbeleidigungsbeinkleid sieht viel eher danach aus, als hätten wir den Träger beim Wichsen erwischt. Und das ist natürlich eine Empfindung, die sich beim Mann ins Gemüt gefressen hat.

Er fühlt sich in dieser von weiblichen Bedürfnissen dominierten Zivilgesellschaft eigentlich rund um die Uhr «wie beim Wichsen erwischt». Aber er klagt nicht. Er erträgt sein Elend wie immer heroisch schweigsam. Schnauze halten und heimlich weiterschämen!

Er, der Mann, ist schließlich immer ein wenig peinlich. Selbst wenn er als ein hübscher, eitler und gutgekleideter Gockel daherkommt, so wie ich, es bleibt beim Peinlichsein. Ja, es ist mir peinlich, hier zugeben zu müssen, dass ich morgens im Bad eine längere Zeitspanne für meine Morgentoilette benötige als meine Frau! All die für einen Mann im fortgeschrittenen Alter – wie ich es nun mal bin – obligatorischen Tübchen und Tiegelchen mit Anti-Aging-Cremes, Teint-Aufhellern und abdeckenden Make-ups müssen in mühevoller Kleinarbeit am entsprechenden Bestimmungsort ihren Einsatz finden. Und das dauert! Allein das Enthaaren nimmt einen nicht unbeträchtlichen Zeitraum ein. Wer glaubt, es wäre für einen Mann meines Jahrgangs mit ein wenig Rasieren getan, der irrt. Am ganzen Körper, in allen Ecken und Ritzen tummelt sich die unschöne Behaarung. Und je älter man wird, umso schlimmer wird es!

Am Kopf, da fallen die Haare hemmungslos aus, nur deshalb, damit diese umso vermehrter aus den Ohren und der Nase sprießen. Und gerade die innenseitige Nasenbehaarung darf als ungemein lästig angesehen werden. Zur Entfernung ebendieser wurde mir ein spezieller elektrisch betriebener Nasenhaarrasierer zur Anwendung empfohlen. Dieses in die Nasenlöcher eingebrachte Gerät vermochte mir zwar ein wohliges Vibrieren in mein Riechorgan zu zaubern, zu glattrasierten Nasescheidewänden konnte mir diese Apparatur indes nicht verhelfen. Ich reagierte verstimmt, zumal gerade ich es doch immer bin, der jeder technischen Neuerung das Wort redet und – egal, wo – den Einsatz modernster Technologie vorantreibt.

Ich habe den vermaledeiten Fehlkauf schließlich meiner Frau geschenkt, die sehr darüber erfreut war, über einen neuen Vibrator zu verfügen. Der wahre Mann entledigt sich seiner Nasenhaare eben auf ganz natürliche Art und Weise: Er zupft.

Man kann das sehr häufig beobachten: Man steht an einer Ampel und wartet auf das startgebende grüne Lichtsignal. Im benachbarten Fahrzeug sitzt ein handelsüblicher Mann und benimmt sich, als seien die gläsernen Schutzscheiben, die sein mobiles Kosmetikstudio umgeben, nicht zu durchschauen. Er fühlt sich völlig unbeobachtet. Da! Plötzlich hebt er die Hand. Führt Daumen und Zeigefinger zusammen und diese wiederum in die dafür vorgesehenen Nasenöffnungen. Na, so einer aber auch! Aber halt! Der erste Eindruck, es handle sich um einen Nasenpopler, täuscht: Er epiliert.

Er macht sich schön, um seiner Liebsten daheim ein Wohlgefallen zu sein!

Dieser unkomplizierten Nasenenthaarungsmethode bin auch ich zugeneigt: Ich zupfe ebenfalls. Allerdings bediene ich mich in der häuslichen Abgeschiedenheit eines kleinen Hilfsmittels, das den Frauen schon lange nützlich ist, sich von ihrer entstellenden Gesichtsbewachsung zu befreien.

Ich benutze eine Pinzette. Das büschelweise Herausreißen des Nasengestrüpps lässt mich in meiner Vorstellung zu einem tapferen Zupferlein mutieren, das beherzt «Sieben auf einen Streich!» ausruft und die Beute triumphierend im Ausguss, zur letzten Ruhe bettend, entsorgt. Die Schmerzen sind, wie man sich lebhaft vorstellen kann, ernorm unangenehm und treiben sogar mir, dem Hartgesottenen, die Tränen in die Augen. So stehe ich, einem Abbild des Elends gleich, am Waschbecken und weine bitterlich! Als hätte sie es geahnt, betritt mein dem edlen Trieb der Neugier nicht abgeneigtes Weib den Ort meines Leidens und fragt, vielleicht eine Spur zu scheinheilig: «Schatz! Warum weinst du denn?»

Ich, der peinlichen Lage völlig bewusst, aber gewillt, mich der Lächerlichkeit dieser Situation dank meines Fintenreichtums trickreich zu entziehen, simuliere ein herzerweichendes Geständnis: «Ohh, meine Liebste, ich weiß, dass du mich dafür hassen wirst. Ich habe Schändliches getan! Wie oft hast du mich dafür gescholten, und doch ist es mir ein weiteres Mal unterlaufen. Wie ich gerade erst in diesem Augenblick bemerkte – und dieser Umstand vermehrt meine Schuld unermesslich –, habe ich wohl heute Morgen versehentlich die Zahnpastatube offen gelassen. Und diese Erkenntnis meiner Schlechtigkeit ließ mich in Tränen ausbrechen.»

Sie verdreht genervt die Augen: «Red nicht so'n Scheiß! Du hast schon wieder meinen Augenbrauenzupfer missbraucht, um das Gekräusel aus deinem Rotzzinken rauszuknibbeln. Ich hab dir doch bestimmt schon tausendmal gesagt, dass du nicht …» Wir sparen uns den Rest und wenden uns wieder wichtigeren Dingen zu.

Der Türke zum Beispiel! Der Türke, ob man's glaubt oder nicht, der flämmt. Ja, der flämmt die Nasenhaare einfach ab. Dazu benutzt er einen Wattebausch, den er in Flammen setzt, und nähert sich anschließend mit diesem brennenden Weichteil den behaarten Stellen. Finde ich sehr beeindruckend!

Ich habe etwas Ähnliches versucht. Da ich mir die Fingerfertigkeit des routinierten Watteflämmers jedoch nicht so recht zutraute, kippte ich mir unbedacht einen halben Liter Benzin über mein von Haaren verfilztes Haupt und entfachte, schwuppdiwupp, ein leuchtendes Feuer. Meiner Frau erzählte ich, ich hätte «Lustiger Kurde» gespielt, und verheimlichte ihr meine wahre Absicht.

Leider sah ich lange Zeit derart verschmort aus, dass ich meinen Lebensunterhalt nur dadurch verdingen konnte, indem ich vorübergehend als Niki-Lauda-Double auftrat. Das Spiel mit dem Feuer ist nicht immer dienlich! Wenn man es allerdings in seinen Auswüchsen begrenzt, vermag selbst ein kleines Flämmchen große Wirkung zu zeigen.

Auch die Heißwachsmethode kann getrost für den Nasenbereich eingesetzt werden, wenn man über die erforderlichen Utensilien verfügt. Man nehme eine Kerze, zünde diese an und träufle sich das Wachs – nicht zu geizig – in das Nasenloch. Schnell ein Tampon zur Hand nehmen und dieses, solange das Wachs noch flüssig ist, in die Nase stecken. Warten, bis es hart ist, und mit einem kräftigen Ruck das Ganze der Nase entreißen!

Eine gute Flasche Whisky kann über die gröbsten Schmerzen hinwegtrösten.

Das Dumme an der Tampontechnik – dies sei hier angemerkt – ist der Umstand, dass man diese Vorgehensweise nicht für alle Körperbereiche empfehlen kann. Etwa am Rücken, wo der haarige Bewuchs das Mannsbild besonders äffisch aussehen lässt. Hier zeigt sich, dass dieses blaue Bändchen, welches den wattigen Blutsaugern zu Eigen ist, in diesem Fall nicht die richtige Länge hat.

Es gibt beim Mann Problemzonen, unzugängliche Buschgebiete, über deren Rodung der Betroffene nur ungern spricht.

Dabei ist der Hintern des Mannes schon seit längerem ins Blickfeld der Öffentlichkeit gerutscht. Es wird getuschelt, es wird gewitzelt, es wird kichernd gemutmaßt, der Mann, der bepelzte Primat, würde die Ritzenfelle, die er bei sich trägt, dem Wildwuchs überlassen. Ich kann dieses nicht bestätigen, wiewohl ich gestehen muss, dass auch mir bislang keine wahrhaft elegante Methode zur Verbannung des im muffigsten Winkel des Menschen sein Dasein fristenden Rosettenflaums eingefallen ist.

Manch einer brachte das Gerücht von Lötkolben in Umlauf, mit denen man den versteckten Flusen auf den Leib zu rücken gedenke. Mir persönlich behagt diese Vorstellung nicht im Geringsten.

Mithin: Um die Wollknäuel im Podelta ranken sich viele Mythen und Märchen. Die meisten Herren unter uns sind nicht gewillt, Licht ins Dunkel zu bringen. Sie schweigen sich kategorisch aus. Oder sie behaupten einfach dreist, sie würden da alles in unberührtem Zustand belassen. Und doch weiß ich, dass viele von den Tatsachen-Verneblern schließlich in aller Heimlichkeit unter der Dusche stehen, um den «toten Winkel» eigenhändig auszukratzen. Mit einem Nassrasierer.

Dies gleicht in der Tat einem Himmelfahrtskommando, da die Einsehbarkeit der Schnittstelle keineswegs gewährleistet ist. Es hängt alles davor, was dem Mann seinen Lebenssinn gibt. Man ist gezwungen, sich mit einem Außenspiegel zu behelfen, um der Spaltenplage Herr zu werden. Diese sind, mit integrierter Grubenlampe, im Handel frei erhältlich. Man kann diese Sichthilfe mittels eines Lederriemens an einem der beiden zur Verfügung stehenden Standbeine befestigen. Aber auch hier gilt: Nur die Übung macht den Meister!

Trotz des Spiegels sind die rektalen Räumungsarbeiten

voller unerwarteter Tücken und Unwägbarkeiten. Der auf der Spiegeloberfläche befindliche Aufdruck, der besagt, dass alle Dinge im Spiegel näher und größer erscheinen, als sie in Wahrheit sind, erleichtert die Sache auch nicht. In der kaum erforschten Schlucht verliert man schnell den Halt – und kann böse abrutschen. Die Verletzungsgefahr am Kraterrand ist enorm. Es können größere Einschnitte auftreten. Bis zu fünf Zentimeter lange «Nebenlöcher» sind durchaus keine Seltenheit. Ein reißender Blutfluss kann sich über das bleiche Bein ergießen – und in schweren Fällen eine plötzlich auftretende Panikattacke beim Beschneider verursachen. Hier können notdürftig eingesetzte Ersatzkompressen für Erste Hilfe sorgen.

Die Damenbinden meiner Frau haben mir in so mancher Stunde den Sanitäter erspart. Der Verlust der für mich so oft lebensrettenden Slipeinlagen ist meiner alles witternden Frau beileibe nicht entgangen. Auf ihre empörte Frage hin, wo eigentlich ihre ganzen Binden hingekommen seien, gab ich nur schulterzuckend zur Antwort: «Das weiß ich doch nicht, mein Herzblatt. Die haben doch Flügel – vielleicht sind sie weggeflogen?»

Als der Rektalrasierspiegel auf mich zuflog, kam er mir schlagartig sehr nah. Und sehr, sehr groß vor …

11.

MÄNNER!
AB INS
KINDERZIMMER!

> Die Hand an der Wiege
> regiert die Welt.
>
> EVA MARIA WISZNOWSKI,
> FRISEURFACHFRAU

*O*rt der Handlung: ein Kinderzimmer.

Es ist Freitagabend, 18.30 Uhr.

Die große Show beginnt.

Fanfaren ertönen, die Tür geht auf.

ER ist da!

Der Star, der Held, der Retter und Befreier betritt die Bühne! Tosender Applaus brandet auf. Das begeisterte Publikum empfängt IHN unter frenetischem Jubel, IHN, den einzig Wahren, den Besten von allen, IHN, den unumstrittenen Meister aller Klassen, den allwissenden Welterklärer, IHN, den göttlichen Macher, den großartigen Erzeuger – sie empfangen ihren Tollsten aller Tollen:

Ihren PAPA! Ihren DADDY! Ihren VATER!

Und mit Tränen in den Augen rufen sie ihm zu: «Wo ist denn die Mamaaaaaa?»

Die Zeit erstarrt, alles verblasst.

Der Star, der Held, der Beste von allen zuckt, fast unmerklich, zusammen. Sein strahlender Glanz ist schlagartig einem seltsam fahlen Licht gewichen, sein gewinnendes Lächeln zur Maske erfroren, die Fanfaren verstummt.

Die Stille schmerzt.

Nur in der Ferne hört man leise die sich entfernenden Sirenen eines Rettungswagens, und irgendwo im Haus betätigt jemand die Klospülung. Wassermassen stürzen sich gurgelnd durch ferne Rohre und verlieren sich sanft plätschernd in der Unendlichkeit. Der kalte Atem der Vergeblichkeit keucht, kaum hörbar, durch den mit einem Mal farblos gewordenen Raum. Das in Schwarz-Weiß getauchte Kinderzimmer ergibt sich kampflos einer trostlosen Niederlage.

Seiner Niederlage.

So hat sich der phantastische Papa seinen Auftritt nicht vorgestellt.

Plötzlich ist alles so unfassbar falsch.

Die Söhne, die Früchtchen der Lenden des soeben Erstarrten, lümmeln sich – der eine vier, der andere sechs Lenze zählend – in Erwartung einer Antwort auf der oberen Etage des zu einer Ritterburg umgebauten Stockbetts. Sie stopfen sich noch warmes, vom Erzeuger selbsterzeugtes und mit einer extra dicken Schicht karamellisiertem Zucker umhülltes Popkorn in die verklebten Münder.

Der Großartige ist wütend: «Also, Jungs, das ist echt scheiße so! Ich hab euch gesagt, ihr sollt ‹Hurra, hurra, der Papa, der ist da!› rufen. Und nicht: ‹Wo ist denn die Mama?› Das kann doch nicht so schwer sein! Ihr wollt sicher nicht, dass der Papa sauer wird, oder? Also, ich fang noch mal an. Ich gehe jetzt noch mal raus. Und wenn ich wieder reinkomme, seid bitte so lieb und ruft, wie vereinbart: ‹Hurra, hurra, der PAPA, der ist da!› Okay? Kann's losgehen?»

Der Unglaubliche verlässt kurz das Zimmer, um im nächsten Moment mit hochgerissenen Armen die Arena erneut zu betreten.

Diesmal verläuft der Auftritt ganz zur Zufriedenheit der väterlichen Diva. Er ist glücklich. Das Auditorium hat sich an den abgesprochenen Text gehalten. Der Entertainer ist ganz in seinem Element.

«Danke, Danke! Ach, das wäre doch nicht nötig gewesen. Danke … vielen Dank … Und ich begrüße euch, meine Söhne, aufs herzlichste und sage: ‹Hallo, Jungs!›»

«Hallo, Papaaaa!»

«Und, Männer: Seid ihr gut drauf?»

«Jaaa, Papaaaa!»

«Das ist toll, das ist super, das freut mich riesig. Beginnen wir jetzt endlich mit unserer sensationellen Super-Dupa-Papa-Show!

Heute bin ich der glücklichste Mensch der Welt. Denn ich habe es geschafft! Nach wochenlangen Vorbereitungen ist es mir gelungen, euch ganz für mich allein zu haben. Zwei Wochen – nur wir Männer, mal ganz unter uns. Das ist doch super, oder?»

«Jaaaa, super! Aber die Mama soll auch dabei sein.»

«Ja, ja, ich weiß, die Mama …»

«Hast du die Mama denn nicht lieb?»

«Oh doch! Ja, ich habe die Mama sogar sehr lieb. Ich habe in meinem Leben noch nie jemanden so liebgehabt wie eure Mama. Vielleicht noch meine Mama und euch natürlich. Und auch die Mama hat euren Papa sehr, sehr lieb. Da bin ich mir absolut sicher. Wirklich. Aber seien wir doch ehrlich: Seit ihr da seid, ist mein Stern ein wenig verblasst. Ihr seid ins Zentrum der allumfassendsten Liebe, deren eine Frau mächtig ist, gerückt. Die Mutterliebe. Und nichts ist stärker als diese gluckenhafte Glückseligkeit, einer sich ihrem Bruttrieb hemmungslos hingebenden … ähm …

Jedenfalls braucht ihr keine Angst zu haben: Die Mama ist nur im Urlaub. Und: Es war meine Idee, sie dorthin zu schicken.

Eine List! Ha, ha …! Weil ich eben so begierig darauf aus war, eine gewisse Zeitspanne mit meinen männlichen Nachfahren unter Ausschluss der Mütterlichkeit zu verbringen. Versteht ihr? Wir Kerle! Ganz auf uns gestellt! Wir – ausgesetzt in der Wildnis des heimatlichen Herdes. Zurückgelassen in der unwirtlichen Steppe zwischen Spülmaschine und Staubsauger.

Zurückgeworfen in eine Welt aus Vollwaschautomat und Vollwertküche!

Es soll ein Experiment werden. Ich bin seitens eines Verlags angesprochen worden, ob ich es mir nicht vorstellen könnte, ein Buch über Kindererziehung zu schreiben. Ich war zunächst nicht besonders angetan von dieser Idee, aber die großen, flehenden Augen von Barbara, der Dame vom Verlag, stimmten mich um. Dem weiblichen Charme bin ich, wie so oft, hilflos ausgeliefert!

Und so schlug ich vor, ein Tagebuch zu Papier zu bringen. Ein Tagebuch, in dem ich davon berichte, wie ich 14 Tage allein mit meinen beiden Söhnen verbringe. Ein Abenteuerbericht der besonderen Art. Und authentisch sollte er sein! Also war ich gezwungen, eure geliebte Mutter zum Zweck der Eigenforschung vorübergehend aus dem Haus zu verbannen. Folglich kam ich auf den glänzenden Einfall mit dem Urlaub.

Und es war alles andere als leicht, eure Mama davon zu überzeugen, dass wir, die Unwürdigen und mutterlos Hilflosen, es schaffen werden, 14 Tage ohne SIE klarzukommen. So sind Mütter nun mal. Sie sind einzigartig und unersetzbar. Oh, wie ich sie beneide! Diese natürliche Form der Vorherrschaft. Sie sind der Mittelpunkt alles Aufwachsenden. Sie sind das Zentrum allen Lebens. Und da bedarf es schon großer Überredungskunst, sie daraus zu vertreiben – und sei es auch nur vorübergehend.

Was habe ich auf sie eingeredet! Eine Gehirnwäsche ist nichts dagegen. Ich kam wir vor wie der Leibhaftige, berauschend wie ein Liebhaber. Charmant säuselnd, einem diabolischen Verführer ähnlich, räkelte ich mich vor ihr, mich aufreizend schlangenhaft um sie schlingend. Meinen hypnotischen Blick fest auf sie gerichtet, so wie dereinst die berühmte Schlange Kaa im *Dschungelbuch*, sagte ich: ‹Glaube mir! Fahr ruhig weg!›

‹Ich bleib hier, an diesem Fleck!›, antwortete die Mama.

‹Schatsssi, du brauchssst dich doch nicht zu fürchten. Zwei Wochen bei deiner Freundin – was glaubst du, wie die sich freuen wird! Du wirst dich erholen, jeden Tag aussssschlafen, ganz tief aussssschlafen – huch, du schnarchst ja. Und die Kinderchen … Ach ja, unsere süßen kleinen Kinderchen. Oh, die werde ich hüten, Tag und Nacht! Sie umsorgen, mit meiner Liebe erwürgen … Äh, nein. Ich werde sie mit einer Liebe umgeben, die deiner, o du holdes Muttertier, nicht im Geringsten das Wasser reichen kann. Das ist klar. Aber ich werde mich bemühen, deinem – bestimmt zu Recht – hohen Standard der Liebkosung zumindest im Ansatz gerecht zu werden. Ich habe, deine mütterliche Intuition nur primitiv ersetzend, Bewegungsmelder, Babyphone und Alarmanlagen installiert. Ich will schließlich deinem mit Sicherheit nicht ganz von der Hand zu weisenden Vorwurf Rechnung tragen. Jenem Vorwurf, ich würde, wenn die armen Kinderchen nachts brüllend erwachen, dem Tiefschlaf huldigend, das Inferno im Kinderzimmer ignorieren und einfach weiterpennen. Ebenso kümmerte ich mich um ein zusätzliches Türenschließsystem, das einem Flüchten der Kinderchen auf die Straße den Riegel vorschieben wird.

Ich bitte, zur Kenntnis zu nehmen, dass ich weiterhin meine gesamte DVD-Sammlung eventuell jugendgefährdender

Machwerke wie *King Kong*, *Krieg der Sterne* oder *Alien* dem Feuer zum Fraß vorgeworfen habe. Und auch für die Ernährung deiner und meiner Sprösslinge habe ich Vorsorge getroffen! Nachdem ich, aufgrund eines ungehörigen Auftritts, ein Besuchsverbot in der örtlichen Filiale eines amerikanischen Fast-Food-Restaurants erwirkt habe, bin ich durch die Anschaffung einer neuen Tiefkühltruhe und deren Befüllung mit Bio-Gemüse in der Lage, eine dir sicherlich entgegenkommende Befütterung unserer Nachzucht zu ermöglichen.›

Ja, das alles habe ich versprochen, nur, um mal mit euch allein zu sein. 14 Tage ohne Mutti.

Ich habe das nicht aus Eigennutz getan, nicht, um mich bei euch unnötig beliebt zu machen. Nicht, weil ich mir beweisen will, dass auch ich eine gute Ersatzmama sein kann. Nein, es geht um mehr, meine lieben Söhne. Es geht darum, euch den Weg zu weisen in eine Welt, die anders ist als die, in die ich hineingeboren wurde.

Eine Welt, die zunehmend einer anderen Ordnung zu gehorchen scheint. Eine Welt, in der ihr bald zu den Schurken und Bösewichten der Weltgeschichte hinzugezählt werdet – ob ihr wollt oder nicht. Denn ihr seid Männer.

Im Moment vielleicht noch zart und hilflos, werdet ihr in Kürze zu einer der bedrohlichsten Spezies heranwachsen, die dieser Erdball je gesehen hat: junge Männer! Ja, ich weiß, noch glaubt ihr, das Gefährlichste, was es je gegeben hat, sei der *Tyrannosaurus rex* gewesen. Aber eure unverhohlene Leidenschaft für diese ausgestorbene Killermaschine, eure Zuneigung für ein Wesen, das die Natur schon vor Jahrmillionen aus der Kartei gestrichen hat, scheint mir symptomatisch zu sein. Diese Identifikation mit einem Idol, das schon lange nicht mehr gebraucht wird …

Hey, und jetzt hört mal auf, euch gegenseitig auf den Kopf zu hauen.»

Er, der ganz und gar auf sich selbst Gestellte, versucht die sich balgenden Blagen in ihrem Eifer zu begrenzen. Doch der Trotz bahnt sich seinen Weg, und sie, die Unbändigen, haben auf einmal nichts anderes im Sinn, als sich dem väterlichen Zugriff zu entwinden. Dabei stürzt der Größere vom Etagenbett und reißt den Kleineren, den er im Würgegriff hält, mit in die Tiefe. Die beiden krachen zu Boden.

Der Aufsichtsbeauftragte ist erschrocken. Mit zitternden Lippen starrt er auf den scheinbar leblosen Kinderhaufen. Stille, nervenzerreißende Stille! Er, der überforderte Brutbeschützer, glaubt, die ihm Überlassenen sind tot! Doch plötzlich setzt von einer Sekunde auf die andere das entsetzlichste Gegreine ein, das sich ein Nachwuchsbehüter nur vorstellen kann. Sie, die Todgeglaubten, kreischen mit einem Mal herzzerreißend auf. Und schließlich entdeckt er Blut. Überall Blut!

Das väterliche Nervenbündel ist zunächst geneigt, in das Geschrei mit einzusteigen und seiner Panik freien Lauf zu lassen. Stattdessen zieht er nur die Augenbrauen hoch, lächelt und fragt lockend: « Wer will denn noch ein Eis?» Sofort verstummt das Geheule und weicht einem drängelnden: «Ich! Ich! Ich!»

Der größere der Jungen hebt seinen seltsam unnatürlich abgewinkelten Zeigefinger begeistert in die Höhe, während der Kleinere sich beiläufig das lästige Blut aus den Augen wischt, das aus der prächtigen Platzwunde an der kindlichen Stirn in beachtlicher Menge quillt. Also, alles gar nicht so schlimm. Definitiv reparabel! Der Finger braucht nur fachmännisch geschient zu werden, und die aufgeplatzte Stirn lässt sich sicher mit ein paar geübten Stichen gut und dekorativ verschließen.

Er, der zur Gelassenheit zurückgekehrte Alleskönner, überlegt kurz, ob er die Pipifax-Operationen nicht einfachheitshalber selbst durchführen soll. Als ein routinierter Pflasterabreißer und Zeckenabzupfer kann er sich mit gutem Recht brüsten, über die notwendigen medizinischen Fachkenntnisse zu verfügen, die solche Minimaleingriffe erfordern. Aber er entschließt sich, doch lieber seiner Bequemlichkeit zu folgen und die mühselige ärztliche Kleinarbeit dem Fachpersonal der klinischen Notfallambulanz zu überlassen. Beschwingt holt er zwei Cola-Eis aus dem Tiefkühlschrank und einen Beutel Eiswürfel. Weiterhin stellt er den Sektkühler bereit und – ach ja, fast hätte er es vergessen – nimmt aus dem Arzneischrank im Badezimmer eine Mullauflage für das kleine Blutwunder heraus. Er wäre fast schon darauf ausgerutscht, auf dem verschwenderisch verkleckerten Lebenssaft seines erstaunlich flink umhereilenden Knirpses. Der Kleine scheint eine gewisse Freude daran entwickelt zu haben, die ganze Wohnung mit seiner roten Tinte zu verunstalten.

Wie beiläufig pappt der heimatliche Rettungsdienstleiter dem undichten Winzling die Mullauflage auf die Stirn. Pflastern ist unnötig, das Stoffquadrat hält auch so auf der feuchten Wunde. Die Hand des Größeren landet in dem mit Wasser und Eiswürfel gefüllten Sektkübel, die andere bleibt frei, um das Cola-Eis zu halten. Und so befördert er, der Papa, die schmatzende und lädierte Brut ins nächstgelegene Krankenhaus. Die vertraute Klinik am Rand der Stadt, wo die beiden Zwerge dereinst das Licht der Welt erblickten.

Die Parkplatzsuche erweist sich als wenig erfolgversprechend, und so stellt er seinen Wagen kurzerhand in dem als «Zufahrt für Krankentransporte» ausgewiesenen Bereich ab. Er fühlt sich im Recht, da er schließlich einen Krankentransport ausführt. Dass er dadurch den nachfolgenden Rettungsfahrzeugen das Leben erschwert, nimmt er billigend in Kauf: Er ist ausschließlich der Wiederherstellung der Gesundheit seiner Kinder verpflichtet.

An der Notaufnahme angelangt, muss er mit Entsetzen feststellen, dass man ihn keineswegs mit offenen Armen empfängt. Nein, er muss stattdessen eine halbe Ewigkeit am Empfangspult verharren, bis man sich endlich seiner bemüßigt. Und unfreundlich sind sie auch noch! Dabei hat er nur – verständlicherweise lautstark – angemerkt, dass es unmöglich sei, ihn und seine schwerverletzten Kinderchen, deren Leben nur noch an seidenen Fäden hängen würde, hier so lange warten zu lassen! Er wird aber nur angeblafft, man hätte alle Hände voll zu tun, zumal irgendein Idiot die Zufahrt für Rettungsfahrzeuge mit seinem Auto blockiere. Also, er solle sich gefälligst gedulden. Zudem sei der diensthabende Arzt bei einer Not-OP, das könne dauern.

Und so nimmt der beleidigte Superpapa im völlig überfüllten Warteraum Platz. Das Eis ist aufgelutscht, aber dank der von ihm geistesgegenwärtig mitgeführten Großpackung Gummibärchen kann er die Mäuler der quengelnden Helden stopfen. Alles wird gut, denkt sich der Unbeirrbare, er wird sich die Stimmung nicht verderben lassen. Der Tag hat super angefangen, er wird ihn auch super zu Ende bringen: diesen ersten Tag ohne Mutti!

In diesem Moment taucht das Bild des Abschieds auf dem Flughafen vor seinen Augen auf, diese ergreifende Szene: die in Tränen aufgelöste Mutter, die voller Inbrunst weinenden Söhne, als sei dies eine Trennung für immer. Ausgesprochen ablehnend reagierte er auf dieses überzogene Drama. Er, der aus beruflichen Gründen Vielreisende, hat eine solch emotional überladene und verheulte Abschiedszeremonie bei sich selbst nie erleben dürfen. Ein Gefühl von Eifersucht schlich sich in sein verachtetes väterliches Herz.

Aber gleich würde sie weg sein – und die Stunde seines Triumphes in greifbare Nähe rücken. Endlich verschwand sie im Sicherheitskontrollbereich des Flughafens, ein letzter Blick, eine letzte Träne, ein letztes Winken, ein letzter Aufschrei der verlassenen Söhne. Schon war sie der kindlichen Wahrnehmung entschwebt. Die beiden ungläubig wimmernden und schluchzenden Jungen auf dem Arm, strahlte er, der ganz und gar der Last der mütterlichen Bevormundung Enthobene, die Trauerklößchen an und sagte erregt: «Jetzt gehen wir erst mal zu McDonald's!» Das Betretungsverbot war natürlich zu ihrer Beruhigung erfunden worden. Diese Aussicht hellte die Gesichtszüge der Entmütterten sichtlich auf. Voller Stolz, die beiden Thronerben an den Händen, betrat er die Filiale des im Flughafengebäude befindlichen amerikanischen Schnellrestaurants.

Er schritt zum Bestellposten und orderte allerlei schmackhafte, überfettete und überzuckerte Leckereien, um anschließend den Kopf in die Höhe zu recken. Auf diese Weise konnte er besser Ausschau nach einem freien Tisch halten.

Als er einen solchen gerade erspähte und ihn zu erobern gedachte, regte sich am benachbarten Tisch, der von fünf pubertierenden Jungmännern besiedelt wurde, etwas Tumulthaftes. Sie, die bepickelten Nachwuchsproleten, sprangen plötzlich auf, zeigten aufgeregt mit dem Finger in Richtung des väterlichen Verkösters und brüllten: «Ey! Dat isser doch!» Daraufhin legten sie die Arme umeinander, winkten ihm zum Gruß zu und skandierten grölend: «Ingo! Fiiicken!»

Dem fernsehbekannten Komiker schien das Tablett zu entgleiten, und er spürte die bohrenden Blicke aller Anwesenden. Seine Söhne betrachteten ihn fast spöttisch, und der größere der beiden fragte: «Papa, was hast du denn für einen Beruf?»

Der Angesprochene reagierte ungehalten, zischte ein unüberhörbares «Halt die Klappe! Sonst ... » zurück, was die Anwesenden mit Kopfschütteln zur Kenntnis nahmen. Ihm war, als würden vor allem die weiblichen, die mütterlichen Zaungäste ihn mit besonderer Verachtung strafen. «Der Appelt, das alte Großmaul, sogar als Vater ein ungenießbares Arschloch!»

Fluchtartig verließ er den Hamburger-Laden. Auf der Rückfahrt musste er sich immer wieder von seinen kichernden Söhnen anhören: «Ingo! Fiiicken!» Er hatte große Lust gehabt, dem Ganzen ein gebieterisches «Ruhe jetzt!» entgegenzusetzen. Aber er fand es irgendwie ungehörig, dass ausgerechnet er, der dieses «böse Wort mit F», wie es die Presse immer formulierte, «in Deutschland salonfähig gemacht hat», den Gebrauch dieses schmutzigen kleinen Wörtchens seinen kleinen Schandmäulern verbieten wollte. Nein, dachte er, das geht nun wirklich nicht. Außerdem war er auch ein klein wenig stolz auf diese Tatsache.

Als er die kleinstädtische Idylle des heimatlichen Wohnorts erreichte, fiel ihm ein, dass er seinem männlichen Nachwuchs noch eine gehörige Fleischportion schuldig sei, da es mit der Fast-Food-Variante nicht so geklappt hatte. Er hielt den Wagen in der Nähe des Dorfmetzgers an und parkte auf der einzig noch freien Stellfläche einer Seitenstraße. Als er die Autotür aufmachte, ausstieg und die beiden Jungen aus ihren rückwärtigen Sitzen befreien wollte, damit sie ihm zum Tierverwurster folgen konnten, sah er, dass sie tief und fest schliefen. Das frühe Aufstehen, um die Mutter rechtzeitig zum Flieger bringen zu können, forderte seinen Tribut.

Er lächelte und ließ die schnarchenden Drollemöpse pennen. Mit einem eleganten Druck auf die Fernbedienung des Autoschlüssels schloss er die Fahrzeugtüren ab und schlenderte leichten Schrittes auf den Fleischfachverkäufer zu. Er erstand ein ansehnliches Sortiment an Würsten, Steaks und Schnitzeln. Angeregt plauderte er mit dem Metzger, dessen Liebe zum Fleisch unübersehbar war. Sie schwärmten gemeinsam von großen Grillfleischstücken und verdammten verschwörerisch all die Ignoranten, die nicht Manns genug sind, das Tier, an dem sie sich gern laben, auch selbst zu töten. Waschlappen allesamt, die nur steril verpacktes, dem Leben entfremdetes Bratmaterial zu sich nehmen. Mit dem Tod wollen sie nichts zu tun haben, diese Zivilisationskrüppel! Er selbst, der fleischliebhabende Metzger, brauche immer wieder die Erfahrung, dem zukünftigen Rollbraten in die noch lebenden Augen zu blicken. Das verschaffe Demut und Respekt dem Gefressenen gegenüber. Schon morgen werde er wieder auf dem Großschlachthof zugegen sein, um den sich in die menschliche Ernährungskette einreihenden Zuchtviechern Beistand zu leisten. Der Komiker fand das alles sehr erfreulich und regte an, er, der fleischlich Seelenverwandte, könne ihn doch bei des Metzgers Mission begleiten.

Der Schlächter reagierte hocherfreut. Als der professionelle Spaßvogel noch vorschlug, er, der zurzeit Alleinerziehende, könne doch auch seine beiden Söhne zum fröhlichen Tierentleiben mitbringen, nahm die Freude kein Ende mehr. Man könne die Jugend schließlich nicht früh genug mit den Realitäten des Lebens konfrontieren, jubilierte der Tiertodmacher. Da ließe sich bestimmt was machen, und für die Jungen wäre das ein hautnahes Erlebnis. Immerhin sei ein Bolzenschussgerät kinderleicht zu bedienen.

Man verabredete sich für den kommenden Tag. Auf den Obolus für das erworbene Fleisch verzichtete der Schlachtermeister großzügig. Obendrein drückte er dem verdutzten Komödianten noch einen schmackhaften Schweinskopf in die Hand.

Derart beglückt tänzelte der Frohsinnsspender seinem Auto entgegen. Dieses war allerdings umringt von aufgebrachten, meist älteren Herrschaften. Der Wagen gab ein rhythmisches Hupgeräusch von sich, und dem väterlichen Schweinskopfträger schwante nichts Gutes.

Die Alarmanlage! Er hatte die Alarmanlage vergessen.

Jede Bewegung innerhalb des verschlossenen Fahrzeugs würde Alarm auslösen, so war es ihm vom Autoverleiher erläutert worden. Eigens für die mutterlose Zeit hatte der Komiker die Luxusausführung eines allradbetriebenen Riesen-Jeeps gemietet. Seine umweltbewusste bessere Hälfte hätte die Nutzung einer solchen Spritschleuder mit Sicherheit missbilligt. Die Eindruck schindende Mega-Karosse war mit allen technischen Finessen ausgestattet, die es seinerzeit zu bekommen gab. Eben auch mit einer Alarmanlage.

Und der Alarm funktionierte. Laut und deutlich. Wahrscheinlich hatte sich einer der beiden minderjährigen Insassen im Schlaf bewegt und damit ein Hupkonzert ausgelöst, das daraufhin einige unterbeschäftigte Rentner auf den Plan gerufen hatte. Sie starrten den sich nähernden Kindsvater vernichtend an. Der gezückte Autoschlüssel in seiner Hand hatte ihn verraten. Ob das denn sein Fahrzeug wäre, stellte man ihn zur Rede, und wie er eigentlich so verantwortungslos sein könne, zwei hilflose Kinder in der prallen Mittagshitze in ein Auto zu sperren? Die Polizei sei verständigt, das werde ein Nachspiel haben.

Der Schweinskopf entglitt den schweißnassen Händen der zur Witzfigur erstarrten Spaßkanone und rollte direkt vor die Füße der anrückenden Staatsgewalt. Die aufbrausende Polizistin stemmte die Fäuste in die Hüften und faltete den stadtbekannten Berufsprominenten genussvoll zusammen. «Aha! Der Herr Appelt! Nicht nur, dass Sie mit Kinderpuppen Fußball spielen, nein, Sie spielen sogar mit dem Leben Ihrer eigenen Kinder!» Zustimmender Beifall aus der Altenheimfraktion.

Die Staatsmatrone entriss dem Fleischtütenträger die Autoschlüssel und öffnete theatralisch die Türen des überhitzten Kleinkindergefängnisses. Mit ernster Miene überzeugte sie sich von der Lebendigkeit der soeben Befreiten, um direkt im Anschluss den glücklosen Erzeuger der Jungen gegen das Auto zu pressen, ihm Handschellen anzulegen und ihm seine Rechte ins Ohr zu brüllen. Das umstehende Rudel der fidelen Grabflüchter war begeistert und johlte enthusiastisch: «Kopf ab! Kopf ab! Kopf ab!» Dabei hielten sie den Schweinskopf wie ein Totem in die Höhe.

Jetzt war es an den Alten, von der Polizistin angeraunzt zu werden. Man solle den Tatort verlassen, es gäbe nichts mehr zu sehen, die Show wäre vorbei. Die Tattergreise taten wie befohlen und trollten sich siegestrunken davon. Den Schweinskopf haben sie als Trophäe behalten und daraus am Abend ein grandioses Festmahl bereitet.

Als die gerontologische Petzerbande außer Hörweite war, prustete die Polizeidame lachend los. Das hätte ihr echt Spaß gemacht, das wäre nun wirklich filmreif gewesen, und ob er, der große Fernsehstar, sie, die verhinderte Volksschauspielerin, nicht einigen wichtigen Fernsehleuten vorschlagen könne. Sie öffnete ihm die Handschellen, klopfte ihm jovial auf die Schulter und fragte devot nach einem Autogramm für ihren

Sohn. Sie faselte noch etwas von «saublöden Alarmanlagen» und davon, dass sie Wichtigeres zu tun hätte, als sich von der Blockwartmentalität irgendwelcher Alzheimeranwärter den Tag versauen zu lassen. Sie stieg in ihren Streifenwagen und brauste davon.

Die Kinder erwachten und fingen sogleich lauthals an zu jammern. Durst hätten sie und in die Hose gemacht. Und nölend fragten sie, wo denn Mama sei? Der Herzensgute gab ihnen erleichtert einen Kuss und fuhr sie, alle Vorschriften penibelst beachtend, nach Hause.

Dort angekommen, machte er sich sogleich daran, seine Fleischbeute zuzubereiten. Doch bevor er den Grill befeuerte, erlaubte er sich noch einen kleinen Scherz und bot den kleinen Hungerleidern das in der Tiefkühltruhe gebunkerte Biogemüse an. In Erwartung eines lauten Protestgeschreis hielt er sich die Ohren zu, musste aber zu seinem Entsetzen registrieren, dass die Buben keinesfalls ablehnend auf die Gemüseofferte reagierten.

Wenn er das so lecker kochen könne wie die Mama, dann würde man sich mit Leidenschaft auf die Pflanzenkost stürzen, gaben sie ihm zu verstehen. Er, der herabgewürdigte Küchenchef, sah seine Felle davonschwimmen – und stellte sich dumm. «Wie kocht denn die Mama das feine Gemüse?», fragte er scheinheilig, woraufhin er eine kurze, aber ungenaue Anleitung zur Zubereitung des mütterlichen Gesundheitsfraßes erhielt.

«In heißes Wasser mit Salz reintun und anschließend zermatschen.»

«Ach so!», rief der Maître de Cuisine und dachte bei sich: Das kann ich auch! Er befüllte die Badewanne zur Hälfte mit kochend heißem Wasser und entleerte darin eine Anstaltspackung Salz aus dem Toten Meer seiner verreisten Ehefrau.

Danach begann er, sämtliche Tiefkühlpackungen des von ihm so verhassten Biomülls im Badezimmer zu stapeln. Als das erledigt war, forderte er die erstaunten Gemüsewilligen dazu auf, Packung um Packung in die vorbereitete Salzbrühe zu schütten. Sie taten es mit wachsender Begeisterung.

Als alles Biologische aufgetaut in der Wanne vor sich hin dümpelte, entkleidete sich der ruhmreiche Bekocher und stakste barfüßig in der nunmehr lauwarmen Biomasse umher. Dabei rief er: «He, ihr Faulenzer! Wollt ihr eurem armen Papi nicht zu Hilfe eilen? Wollt ihr nicht an meiner Seite stehen, um gemeinsam zu kochen? Kommt zu mir, meine tapferen Küchengesellen! Lasst uns das Gemüse pürieren, wie es ihm gebührt!»

Und so hopsten und hüpften sie, stampften und strampelten, dass es nur so matschte und spritzte. Auf diese Weise verwandelte sich ein von der Mama sorgfältig gereinigt zurückgelassenes Badezimmer in ein kunstvoll anmutendes Biogemüseschlammbad erster Güte.

An allzu bissfester Kost war nun allerdings nicht mehr zu denken. Und so kam der Vater allen Kinderglücks auf die Idee, die weich-zarten Hamburger, auf die man zuvor hatte verzichten müssen, selbst herzustellen. Ein flugs aufgebauter Fleischwolf verwandelte die gesamten Wurst- und Fleischbestände in eine geschmeidige Tierknete, aus der sich allerlei lustige Dinge formen ließen. Besondere Freude bereitete den Buben, aus der Fleischpampe an Hundehaufen erinnernde Schneckengebilde zu kreieren. Selbst Schneebälle waren sehr leicht herzustellen, und sie verfügten zudem über ähnlich gute Flugeigenschaften wie die winterlichen Vorbilder. Der gutmütige Vater pfiff die Werfer allerdings nicht zurück, sondern ermunterte sie in ihrem Tun: «Lasst es krachen, Jungs! Der Dreck macht uns nicht bange! Am Montag kommt die Putzfrau!»

Auf eine detaillierte Schilderung des optischen Zustands der vormals strahlend weißen Luxusküche kann getrost verzichtet werden, da der geneigte Leser sicher über ein ausreichendes Maß an Phantasie verfügt. Dem hier als übler Nestbeschmutzer in Erscheinung tretenden Schweinepapa sollte man allerdings keine unlauteren Absichten unterstellen oder gar Kontrollverlust. Nein, unser Riesendrecksspatz arbeitet einzig nach der Maxime, nach der eine neue väterliche Ordnung nur dann entstehen kann, wenn man die alte, die mütterliche Ordnung gezielt in Frage stellt und gutgelaunt zerstört. Man versteht sich schließlich nicht als sklavischer Verwalter der mamaistischen Ideologie. Nein, hier ist einer angetreten, um das häuslich-familiäre System von Grund auf zu reformieren! Um auf den Ruinen der Vergangenheit eine neue Ära der Väterlichkeit zu errichten!

«HERR APPELT, BITTE!»

Er, der Weltverbesserer, wird unsanft aus seinem heroischen Gedankenstrom gerissen. Er ist aufgerufen, das Behandlungszimmer Nummer neun aufzusuchen. Das unwillige Quengelduo zieht er hinter sich her. Die beiden Jungen, ihre Backen mit Gummibären gefüllt, würden lieber weiter das angebotene Fernsehprogramm in Anspruch nehmen. Aber SpongeBob Schwammkopf muss hintanstehen, es geht nun um Wichtigeres: Lebensrettende Maßnahmen sind jetzt an der Tagesordnung.

Der junge Aushilfsarzt betrachtet, mit vor Entsetzen geweiteten Augen, die mit Blessuren übersäten Nachwüchslinge. Er befürchtet das Schlimmste und nimmt sich der vermeintlich Misshandelten mit besonderer Hingabe an. Der Kleine lässt sich ohne Murren die Kopfwunde vernähen. Einen Lutscher in der rechten, Gelatinebärchen in der linken Hand, erträgt er wacker die unvermeidlichen Sticheleien des tapferen Hautschneiderleins. Dem väterlichen Beisitzer platzt die starke Mannesbrust fast vor Stolz ob der bravourösen Duldsamkeit seines genetischen Erbes. Nur der Ältere quietscht wie ein im Angesicht des messerwetzenden Schlachters in Hysterie verfallenes Ferkelchen, als man ihm den verunglückten Finger zurechtbiegt und eingibst. Doch das wird ihm großherzig nachgesehen: Er ist schließlich noch ein Kind.

Nach erfolgter Flurbereinigung schaut der Nachhilfsarzt den grinsenden Oberpapa feindselig an. Man habe, so der Medizinlehrling belehrend, aufgrund des Wochenendes niemanden beim örtlichen Jugendamt erreicht, sodass eine Sicherheitsverwahrung der offensichtlich Gequälten außer Reichweite läge. Dies führe bedauerlicherweise dazu, dass man ihm, dem Höchstverdächtigen, die ihm leichtsinnigerweise anvertrauten Zöglinge wohl oder übel zur weiteren Pflege überlassen müsse. Er als Arzt würde höchstpersönlich ein wachsames Auge auf ihn, den potenziellen Gewalttäter, werfen.

Sein Warnhinweis geht eindeutig in Richtung eines mutmaßlichen Serienkinderverprüglers. Der derart Gescholtene winkt nur gelassen ab, er kommt sich fast schon vor, als sei sein Eheweib hinter ihm her. Er bedankt sich für den fürsorglichen Einsatz und verlässt die ihn bedrückende klinische Obhut mit eingezogenem Haupt, die verbundenen Ärgernisse im Schlepptau.

Draußen beabsichtigt er den gemieteten Luxusschlitten zu besteigen – doch die Karre ist weg! Dreisterweise, wie man ihm belustigt erklärt, kostenpflichtig abgeschleppt, entschwunden in ein für ihn unbekanntes Reservat für herrenlose Fahrzeuge. Er, der Eigentümer eines stählernen Nervenkostüms, bleibt cool, wenn man von dem kurzen Ausraster absieht, bei dem er mit geballten Fäusten einige unfeine Kraftausdrücke von sich gab und sich selbst verfluchend, gegen eine Mülltonne trat. Der plötzlich auftretende Schmerz ließ ihn augenblicklich zu seiner ihm eigenen Besonnenheit zurückkehren.

Er bestellt an der Rezeption des Klinikums ein Taxi und lässt sich und die Kinder von diesem standesgemäß nach Hause chauffieren. Die Bengelchen verhalten sich während der Heimfahrt auffällig ruhig, was nichts Gutes verheißt. Die grünliche Gesichtsfarbe des Älteren und dessen leidender Blick nähren den Verdacht, dass die vielen Gummibärchen in Kombination mit dem Cola-Eis und den vier Lutschern auf den empfindlichen Magen des bübischen Zuckerfressers geschlagen haben könnten. Kläglich formuliert der Magenkranke mit schleppenden Worten: «Papa! Ich muss kotzen!» Woraufhin das psychologisch geschulte Väterchen nur abwehrend die Hand hebt und mitfühlend erwidert: «Nein, mein kleiner Freund, das musst du nicht! Du musst nur tief ein- und aus…» Er wollte noch «…atmen» sagen, aber das wird durch die Süßwarenkotzfontäne, die nun durch den Funkmietwagen schießt, vereitelt. Der überraschte Papa staunt nicht schlecht über die unfassbaren Mengen, die aus einem kleinen Kindermagen ausbrechen können.

Als der kleine Spuckmuckel sein Werk beendet hat, schließt er den Mund, rülpst nochmal kräftig und murmelt: «’tschuldigung …»

Der Vater des kleinen Kotzbrockens weiß nicht recht, wie er reagieren soll, und so reagiert er gar nicht. Er sitzt einfach nur beschämt da, die Kleidung flächendeckend besudelt, und schweigt. So bewältigt man den Rest der Strecke wortlos, als sei nichts geschehen. Bei Ankunft steckt der miefende und triefende Familienhäuptling dem Taxifahrer ein üppiges, verklebtes Trinkgeld zu, das dieser sich, den Blick starr nach vorne gerichtet, flink in die Brusttasche stopft.

Mit quietschenden Reifen verschwindet das Fahrzeug von der Bildfläche. Staub rieselt den drei Helden auf die feuchten Kleider. So verharren sie eine gefühlte Ewigkeit vor dem schmucken Reihenhäuschen, ihrem trauten Heim. Von der untergehenden Sonne in goldenes Licht getaucht, gleicht es einem verwunschenen Königsschloss. Der Eigenheimbesitzer fasst in seine nasse Hosentasche, um den Schlüssel zu dieser Prachtresidenz herauszuholen.

Bei genauerer Betrachtung des Einzelstücks erkennt er, dass auf dem Anhänger das Logo des Autovermieters prangt, von dem er heute Morgen den Superschlitten entgegennahm. Der Bund mit Hausschlüsseln liegt aber auf dem Beifahrersitz des verschleppten Prachtmobils.

Der Ausgesperrte knurrt gefährlich, nimmt Anlauf, und in scheinbar geübter Bruce-Lee-Manier springt er gegen die verglaste Vordertür. Dem Begehren des Vaterfußes nachgebend, zerplatzt sie in tausend Scherben. Nein, er hat sich dabei nicht verletzt! Nur das Hosenbein hängt in Fetzen am rechten Gehapparat des großartigen Nahkämpfers. Erst als er durch die von ihm künstlich geschaffene Türöffnung greift, um die innen befindliche Klinke zu betätigen, durchtrennt ein gemeiner rasiermesserscharfer Glasrest den Ärmel des einstmals weißen Showanzugs. Dabei wird der Oberarm des Selbsteinbrechers mit einer schicken zentimeterlangen Wunde versehen. Doch das kann Papa Rambo nicht erschüttern, zu groß ist seine Genugtuung darüber, dass er die Haustür, im Gegensatz zu seiner sicherheitsfanatischen Frau, niemals abschließt. Sonst hätte er niemals ein so leichtes Spiel gehabt!

Die Tür ist offen. Mit einen Freudengeheul nimmt er sein

Hab und Gut wieder in Besitz. Er umarmt seine beeindruckten Söhne enthusiastisch, die ihm frenetisch applaudierend huldigen. Ja, Papa ist halt doch der Größte!

Sie betreten wie siegreiche Gladiatoren die behagliche Heimstatt. Er, der Erleichterte, drapiert seine stinkenden Bübchen auf dem blutbesudelten weißen Ledersofa und legt *Jurassic-Park* in den DVD-Abspieler. Die kindliche Begeisterung schlägt hohe Wellen. Vergipste Arme werden geschwungen, bandagierte Köpfe schütteln sich vor Freude. Er stellt das Abendessen auf den Wohnzimmertisch. Salzstangen und kalte Cola sind für Magenverstimmte bekanntlich das einzig Richtige!

Er überlässt das verdreckte Duo seinem glücklichen Schicksal. Irgendwann werden die beiden friedlich einschlafen, und er wird sie problemlos in ihre Bettchen verfrachten können. So denkt der zufriedene Kindsbeglücker und wendet sich nun wichtigeren Dingen zu. Er muss schließlich noch seinen Tagesbericht verfassen, um sein geplantes Buch in Angriff nehmen zu können.

Der erste Tag ist doch schon mal hervorragend verlaufen. Barbara vom Verlag wird noch größere Augen machen, wenn sie sein sensationelles Manuskript in ihren Händen hält.

Er greift zum Handy – und erkennt voller Schrecken, dass die Mutter seiner tollen Söhne bereits fünfunddreißigmal versucht hat, ihn zu erreichen. Sie muss längst an ihrem Bestimmungsort angekommen sein und will natürlich wissen, ob sie, die Hinterbliebenen, auch brav die ach so ferne Mama vermissen. Er will die elende Oberglucke auch direkt zurückrufen, um ihr mit säuselnder Stimme zu verkünden, dass die Kinderchen bereits im Bett seien und friedlich schliefen, dass sie tüchtig beim abendlichen Biogemüse zugelangt hätten. Doch mit Bedauern müsse er ihr mitteilen, dass sie nicht auch nur einmal nach ihr, der Mama, gefragt hätten! Er aber, der Verlassene, hätte sich schon nach fünf Minuten entsetzlich nach ihr verzehrt und würde die Sekunden bis zu ihrer Rückkehr zählen!

Er tippt ihre Nummer ins Telefon, als es plötzlich klingelt. Ja, es klingelt. Allerdings klingelt nicht sein Handy, sondern das Läuten kommt von der Haustür! Verunsichert schleicht er durch den scherbenübersäten Hausflur zur Tür. Es klingelt nun Sturm. Er öffnet.

Sie steht vor der Tür. Die Frau. Die Mutter. Die Rache.

Sie habe es nicht ausgehalten, hätte ein ungutes Gefühl gehabt, hätte den nächsten Flieger zurück nach Hause genommen. «Warum gehst du eigentlich nicht ans Telefon?», wird er nun gefragt. «Und sind die Kinder wohlauf, und wieso sieht es hier eigentlich so furchtbar aus?»

Er ahnt, dass er in seinem bekotzten und blutigen Showaufzug keine besonders gute Figur abgibt. In Sekundenschnelle erfasst sie die Gesamtsituation und stürzt durch alle Räume. Als sie die lädierten Kinderchen auf dem Sofa entdeckt, verfällt sie in einen hysterischen Schreianfall. Er will sie beschwichtigend in die Arme nehmen, was sie aber entschieden von sich weist. Trotz ihrer ablehnenden Haltung versucht er in ihre Nähe zu kommen, bekommt aber plötzlich nur ein extrem laut gebelltes «KEINEN SCHRITT WEITER! SONST KNALLT'S!» zu hören.

Nicht aus ihrem Mund drang diese Drohung, nein, der junge Aushilfsarzt steht mit einem Baseballschläger bewehrt im Raum. Den dummen Satz: «Schlag doch zu, du Memme, wenn du dich traust!», bereut der Papa augenblicklich.

Als der derangierte Zwangsausquartierte zwei Tage später – es ist ein Montagmorgen – unter Schmerzen in seinem schäbigen Hotelzimmer ächzend erwacht, greift er zum Telefon und ruft beim Verlag an, um einer verdutzten Barbara mitzuteilen, dass der Einfall mit dem Erziehungsratgeber nur scheitern könne und er von diesem unsinnigen Projekt Abstand zu nehmen gedenke. Er würde aber die neueste Ausgabe des *Spiegel* in Händen halten, die ihn, den zu allem Entschlossenen, zu einer phantastischen neuen Idee inspiriert habe. Auf dem Titel des Wochenmagazins sei ein geducktes Männlein zu entdecken, versehen mit dem Schriftzug: «Was vom Mann noch übrig ist.» Und was vom Mann noch übrig ist, könne man sich bei ihm anschaulich zu Gemüte führen, raunt der Starautor in spe in die Hörermuschel. Nicht viel nämlich!

Ihm, dem Sensationsschriftsteller, schwebt ein ganz anderes, viel wichtigeres, in diese Zeit wie die Faust aufs Auge passendes Thema vor. Wenn schon Erziehung, so der komödiantische Weltaufklärer, dann aber richtig. Und wenn in dieser Gesellschaft einer erzogen werden müsse, dann doch wohl der Mann. Er, der erfahrene Möchtegernmacker, hat auch schon einen ansprechenden Titel für seinen Bestseller:

Männer muss man schlagen!

Die Barbara am anderen Ende der Leitung schluckt verdattert, stimmt aber zu. Er solle nur machen, was er für richtig halte. Der zukünftige Bestsellerautor bedankt sich für das Vertauen, entschuldigt sich für die Umstände – und legt auf. Er greift zu einem riesigen rohen und kalten Steak, drückt es gegen das verquollene Auge und beginnt bitterlich zu weinen.

Nein, bei näherer Betrachtung muss man hier feststellen, dass er nicht etwa weint, sondern in Wahrheit lacht.

Ja, er lacht! Er lacht und lacht und lacht! Laut und heftig!

Er hört gar nicht mehr auf mit seinem befreienden, brüllenden Gelächter. Nie in seinem Leben hat er so herzhaft über sich selbst gelacht. So lacht er einfach immer weiter und weiter und weiter.

Und wenn er nicht gestorben ist, dann lacht er noch heute.

MÄNNER
MUSS MAN
VERARSCHEN!

Schlusswort an die Männer

«Ich kann mich auch selbst verarschen!»

Dies ist eine beliebte Redewendung, die zum Ausdruck bringen will, dass man das Hilfsangebot, einen für dumm zu verkaufen, dankend ablehnt und darauf verweist, dass man aufgrund ausgeprägter Eigenironie durchaus in der Lage ist, sich selbst hochzunehmen. Der Satz «Ich kann mich auch selbst verarschen» ist, wenn man es ernst meint, die höchste Form des gesellschaftlichen Auftretens.

«Man kann über alles lachen, aber nicht mit jedem!»

Schon eine kluge Devise – aber über einen selbst können in der Tat alle lachen, wenn man es nur geschickt anstellt. Niemand ist beleidigt, wenn man die Fähigkeit besitzt, dazu aufzufordern: «Lacht mich nur aus, ich hab's verdient!»

Sich über andere zu amüsieren ist ohne Zweifel auch schön. Wir lachen gern über Leute, die versagen – das ist das Wesen der Komik. Humor haben bedeutet dagegen, sich mit dem Opfer des Spotts zu identifizieren, sich selbst wiederzuerkennen.

Frauen lieben Männer mit Humor. Das ist keine Platitude, sonder eine tiefgreifende Erkenntnis. Die Frauen wissen: Einen Mann ohne Makel gibt es nicht. Und gerade neben ihnen, den Erhabenen, wird sich der Mann auf Dauer damit abfinden müssen, jede Menge Fehler an sich zu entdecken.

Falls er nicht in der Lage sein sollte, diese sogleich wahrzunehmen, wird ihm die Frau bei der detektivischen Suche geflissentlich beiseitestehen.

Männer, die von sich behaupten, frei von jeglichem Tadel zu sein, sind dumme Affen – und schon im Vorhinein zu verachten.

Männer, die zugeben, gewisse Laster zu haben, aber damit angeben, diese mit aller Ernsthaftigkeit zu bekämpfen zu gedenken, werden als stets überforderte und dauergestresste Neurotiker keine gute Partie abgeben.

Männer, die von der Erkenntnis durchdrungen sind, eine unübersehbare Ansammlung von irreparablen Minderwertigkeitskomplexen zu haben, und zu dem weisen Schluss kommen, diese niemals auch nur ansatzweise in den Griff zu bekommen, werden, wenn sie diese schmerzliche Einsicht öffentlich im Klageton preiszugeben wagen, als permanent suizidgefährdete, depressive Psychopathen verschmäht werden.

Männer, die ihre traurige tugendfreie Existenz mit Humor ertragen und mit einer gewissen Regelmäßigkeit über sich selbst lachen, werden als schwachsinnige Dauergrinser der geschlossenen Psychiatrie empfohlen.

Ein Mann aber, der in vollem Bewusstsein seiner eigenen Lächerlichkeit andere dazu auffordert, über seine Schwächen zu lachen, ist auf dem besten Weg, ein belobigungswertes männliches Individuum darzustellen.

Es gilt aber, das kann ich aus Erfahrung beisteuern, als äußerst dämlich und plump, über die eigenen Witze zu lachen wie auch über persönliche Eigenschaften, die zum Scherzen anregen. Zumindest, wenn dies passiert, bevor es die anderen tun. Also, immer erst den Damen den lachenden Vortritt überlassen! Erst wenn sie den Mann wiehernd über beide Backen anstrahlen, ist es erlaubt, gönnerhaft mitzukichern.

Das ist ganz wichtig: Über die Qualität einer Schmonzette entscheidet immer nur das weibliche Lachen. Männer lachen bekanntlich über jeden Dreck, und so erscheint ihre Fröhlichkeit nicht gerade als Maßstab für zivilisiertes Beisammensein. Wenn man ein Rudel lachender Männer ausmacht, könnte es durchaus sein, dass sie gerade johlend einer Folter oder Hinrichtung beiwohnen.

Weibliches Lachen wird als ein Zeichen für friedvolle und entspannte Ausgelassenheit interpretiert. Wo Frauen kichern, ist Wohlsein angesagt! So kann man in einschlägigen Comedy-Shows mit Publikum immer wieder beobachten: Bei so gut wie jeder Pointe sieht man fast ausschließlich lachende Frauen in Großaufnahme. Wenn nur die Herren grienen, die Damen dagegen entsetzt das süße Köpfchen schütteln, kann man den Gag als verunglückt betrachten. Ich kenne das. Gute Laune ist nur wirklich gut, wenn die Damen lachend ihren Segen dazu geben.

Daraus folgt: Mann, mach dich fleißig selbst zum Affen, sonst wird sie es tun! Verarsche dich, du hast keine andere Wahl! Selbstverarschung als goldener Königsweg zum Erhalt der männlichen Würde! Das ist keine einfache Mission, darüber bin ich mir durchaus im Klaren.

Natürlich gibt es immer wieder einige Artgenossen, die mir ermahnend zuraunen, ich solle doch, wenn sich das Zusammenleben mit dem erwählten Weibe als allzu schwer erweist, die ach so Holde einfach in die Wüste jagen. Aber das wäre, so meine feste Überzeugung, nur Feigheit vor dem Feind und der eigenen Courage. Nein, ein Mann trennt sich nicht leichtfertig, das wäre weibisch!

Männer behalten das, was sie lieben!

Ein Mann wirft sein Auto ja auch nicht einfach fort, nur, weil die Tür ein wenig klemmt. Er repariert den disfunktionalen Wageneingangsbereich, steigt danach frohlockend ins

Fahrzeug und sagt: «Geht doch noch! Ist doch alles klasse!» Wenn die Kofferraumhaube den Dienst versagt und sich nicht mehr schließen lässt, schmeißt er, der gute Mann, das schöne Auto deshalb auf den Müll? Nein, er behebt den Fehler, setzt sich stolz hinter das Steuer und behauptet: «Siehste, geht doch noch! Ist doch alles super!»

Selbst wenn dann der Vergaser den Geist aufgibt, wird er das Objekt seiner Leidenschaft nicht in die Schrottpresse verwünschen. Nein, er wird den Wagen im Schweiße seines Angesichts zur nächstgelegenen Werkstatt schieben, nach erfolgter Wiederherstellung die überhöhte Rechnung begleichen und zum Ausdruck bringen: «Ich habe es doch gleich gesagt: alles klasse, alles super!» Er wird den Wagen morgens in der Garage belassen und mit dem Fahrrad zur Arbeit radeln, obwohl er sein Auto weiterhin toll findet. Er hat nur ein ungutes Gefühl, die Karosserie auch zu benutzen. So bleibt er auf Distanz, aber im Herzen immer bei seiner großen Liebe!

Eine Frau dagegen wird schon bei einem kaputten Rückspiegel, dessen Funktionsverweigerung die Dame daran hindert, ihre obligatorischen Schminkkorrekturen vorzunehmen, die Nerven verlieren. Sie wird den Abschleppdienst anrufen und die Mistkarre gegen einen glänzenden Neuwagen umtauschen.

Männer sind eben duldsamer und sisyphusartige Tätigkeiten gewohnt.

Also, Männer! Immer schön die Nerven behalten, sich stets elegant auf den Arm nehmen und lächeln.

Selbstverarschung und Selbstbeherrschung, das ist die Devise.

Mal sehen, ob es sich lohnt.

Ich weiß es auch noch nicht.

Schlusswort an die Damen

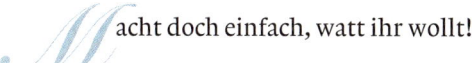acht doch einfach, watt ihr wollt!

Bildnachweis

S. 13, 63 Ingo Appelt, privat

S. 23, 39, 97 Sebastian Schmidt / upfront.de

S. 51 Michael Schlör

S. 79 Albrecht Fuchs

S. 109 Dr. Giovanni Ausserhofer

S. 127 «Bild»-Zeitung / Josef Ley

S. 142–43 Thomas Sachtleben

S. 159 Ilona Klimek

S. 185 Wolfgang Jahnke